So
Easy!

make things

simple and enjoyable

暢銷旅遊書系 So Easy 91

年度
企劃

開始到日本
開車 EXPRESS 自助旅行

看見日本最美的一面 作者 酒雄

獻給會開車的他，
一起去旅行～♪

太雅

自駕遊
5大不思議魅力

什麼!?持台灣駕照就能在日本開車!

魅力**1**

從2007年9月起,台灣與日本已經有了「台日雙方駕照互惠措施」,所以我們也都能在日本開車旅行。而隨著此項外交上的進展,日本很多租車公司也提升了國際視野,願意把車輛租借給外國旅客,並慢慢增加外語服務。

什麼!?輸入電話號碼就能抵達目的地!

魅力**2**

日本的車內GPS導航,真的是非常先進,只要輸入電話號碼,就能帶你抵達目的地。就算不會日文不會轉車,也是能按導航索驥,抵達我們想去的店家、景點。私房美景或隱藏美食,往往都會在交通不便的地方,現在我們有車子有導航,還有哪兒去不了呢?

完全擺脫時刻表的束縛

魅力**3**

如果說到自助旅行所應做的功課,應該有很多時間,會花在查詢交通方式上。不管是如何轉車,還是電車時刻表,又或者是店家的地圖等等。但如果是自駕旅遊,就不需要花這個時間,可以多花點時間去挑出自己想去的點。在設計行程時,可以不受限於車班、路線,只需要考量行車距離就可以了。這一點對於一天想去很多地方的旅行者來說,真是一個很棒的解決方案。

魅力4

自駕＝無限量購物

　　相信很多旅日朋友，都喜歡到日本各地的Outlet去血拼，平時很貴的單品，在打折的時候，都有可能比台灣售價便宜，而且還有很多台灣不常見的各國品牌。不過這些Outlet往往都是在偏遠的地方，只有接駁公車可以到，但買了大包小包還要擠公車，真不是普通的辛苦，都不知道後來是什麼毅力走回到飯店的。如果我們是開車去購物的話，情形完全不一樣了！東西只需要通通丟車上，什麼問題都解決，要是買太多還可先拿回去車上放，再殺下一回合。除了Outlet之外，筆者也常常逛YAMADA(電器賣場)、BOOKOFF(二手書店)、AEON(綜合購物中心)、也會去各地的大型服飾賣場如UNIQLO、ZARA等等，尤其買比較大型的家電(如電鍋)時，沒開車去真的會累死。

魅力5

下一秒盛裝變身不是問題

　　想想看，行李箱不用拖著走，也不用提著大包小包那麼辛苦，就能暢遊各個景點。我們可以盛裝打扮，隨身只攜帶錢包，就可以優雅地去餐廳用餐，或是美美地拍照，女生穿高跟鞋遊日本也是剛好而已！愛攝影的男生也不需要扛著很重的設備跟腳架走一天。輕鬆、便利、自由、靈活度高，就是我對租車自駕遊下的註解。

　　經過酒雄簡單的説明，你是不是也想要來一場自駕旅行了呢？本書接下來就會帶領大家，一步步了解如何在日本租車自駕遊，期許大家都能有一個收穫滿滿的日本自駕行程。

目錄 CONTENTS

Traveler
夢幻祕境冒險 20

Prepare
出發前的準備 112

On the road
日本路況轉播 152

Mr. Car
接見車先生 174

Driving
車輛行駛中～ 184

作者序　跟著酒雄一起開車瘋日本

還在自駕這條路上

從「開始到日本開車自助旅行」問市已有兩年多，我也沒有停歇，持續進行日本各地的自駕旅程，走著走著，不小心就把日本47個都道府縣都走過了，也就是網友俗稱的「制霸」。其中開車深入玩過的縣也已達39個。話雖如此，還是有很多區域還沒機會到訪，或者是用開車的方式重新玩一遍。日本就是這樣，永遠玩不膩。

隨著自駕經驗的累積，最大的感受就是對於自己喜好的掌握度越來越高，即便是臨時決定的旅行，也不需要花太多時間安排行程，只要把一直以來想去的店勾選起來，簡單做成MYMAPS(P.144)，剩下的就再問當地人囉！

另外一個變化，就是我越來越相信自己的直覺，旅行途中總有一些緣分，我們會遇到新朋友，或者會有人推薦值得一去的景點或小店。當我面對這樣的突發選擇，總是能找到讓我最滿意的答案，完成每一趟旅行。或許旅行也是很需要像這樣累積經驗值，才能一步步實現自己心目中的美好旅行吧！

兩年多來，我也到處分享自駕的美好，成功把很多人推入自駕的坑。常常有人跟我說：「自駕過一次就回不去了！」、「下次還想要自駕旅行！」當你有翅膀能自由飛翔，又怎麼會想回頭用雙腳走路呢？下一趟旅行，你要去哪自駕呢？

作者簡介　**酒雄**

搜尋　酒雄　🔍

日語口筆譯、日本語教師、日本領隊、部落客、自助旅行玩家、自駕遊旅人。

日文學習20餘年，從語言學習中認知到自己對日本的著迷，數十次的旅行走過日本40多個都道府縣，自稱「日本」為第二故鄉，立志用不同的角度，欣賞這一片美麗的土地。為了更深入了解日本，考取日本國家考試「通譯案內士」資格，現在不只自己玩，還帶很多人去玩。

近年迷上日本自駕旅行，租車自在遨遊，走過許多很有特色的小鎮、品嘗各地的鄉土料理，也再次感受風土民情。多種面貌的日本，似乎永遠沒有玩膩的一天。

編輯室提醒

出發前，請記得利用書上提供的Data再一次確認

　　每一個城市都是有生命的，會隨著時間不斷成長，「改變」於是成為不可避免的常態，雖然本書的作者與編輯已經盡力，讓書中呈現最新最完整的資訊，但是，我們仍要提醒本書的讀者，必要的時候，請多利用書中的電話、網址，再次確認相關訊息。

資訊不代表對服務品質的背書

　　本書作者所提供的飯店、餐廳、商店等等資訊，是作者個人經歷或採訪獲得的資訊，本書作者盡力介紹有特色與價值的旅遊資訊，但是過去有讀者因為店家或機構服務態度不佳，而產生對作者的誤解。敝社申明，「服務」是一種「人為」，作者無法為所有服務生或任何機構的職員背書他們的品行，甚或是費用與服務內容也會隨時間調動，所以，因時因地因人，可能會與作者的體會不同，這也是旅行的特質。

新版與舊版

　　太雅旅遊書中銷售穩定的書籍，會不斷再版，並利用再版時做修訂工作。通常修訂時，還會新增餐廳、店家，重新製作專題，所以舊版的經典之作，可能會縮小版面，或是僅以情報簡短附錄。不論我們作何改變，一定考量讀者的利益。

票價震盪現象

　　越受歡迎的觀光城市，參觀門票和交通票券的價格，越容易調漲，但是調幅不大(例如倫敦)，若出現跟書中的價格有微小差距，請以平常心接受。

謝謝眾多讀者的來信

　　過去太雅旅遊書，透過非常多讀者的來信，得知更多的資訊，甚至幫忙修訂，非常感謝你們幫忙的熱心與愛好旅遊的熱情。歡迎讀者將你所知道的變動後訊息，善用我們提供的「線上讀者情報上傳表單」或是直接寫信來 taiya@morningstar.com.tw，讓華文旅遊者在世界成為彼此的幫助。

太雅旅行作家俱樂部

How to use

自駕寶典 使用大法

作者酒雄為日本語教師、日本領隊、自駕旅行玩家，對日本文化重度著迷，深入日本40多個都道府縣，有豐富的旅遊經驗，將「日本」列為第二故鄉。本書以職人之魂，大量整理自駕旅遊的專門資訊，減少讀者查詢資料的繁複過程，並以深入淺出的方式，傳授多年的自駕旅遊經驗，讓初心者也能安心快樂地上路。

★圖文Step by Step
步驟化的流程教學，並有圖文對照、中文說明，再困難的問題都能簡單上手！

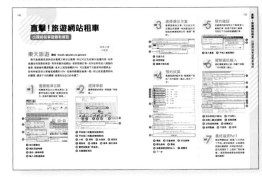

★酒雄豆知識專欄
作者以豐富的旅遊經驗和對日本文化的了解，提供獨家的親身經歷和小知識，使本書更具實用性。

★好用關鍵字，溝通免煩惱
旅行前先用手機拍下關鍵字，如遇到需要跟日本人溝通的時候，拿手機或指書中關鍵字給他看就行了。

★7條精選示範行程

精選7條自駕路線，每天都有詳細的日行程規畫以及
景點間的行車時數，避免錯估旅遊時間。

路線難易度星號

初心者1 ★ ☆ ☆

高精準度的線上地圖

★各城市超人氣夢幻逸品

★加碼公開隱藏版景點

★行程Day by Day示範

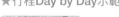
總行車時數 125分鐘 | 防止疲勞駕駛的時數預估

一日路線總覽

開車

景點

用餐

住宿

景點資訊

紅色 祕境

九州大分縣 九醉溪

前往九醉溪一路上實在太美，我一刻也不得閒，忙著指揮副駕拿我的相機記錄，不時用餘光欣賞美景，人還沒到桂茶屋，已經覺得今天好幸福了！

山陽山口縣 元乃隅稻成神社

能被CNN選入33個吸引人的景點之一，想必非常有魅力。雖然在媒體、網路上看過多次這海邊的鳥居景色，但直接在眼前出現時，我還是驚豔到說不出話來。

九州熊本縣 平家之里

只能用翻山越嶺來形容五家莊的自駕旅行，多次會車都必須在極為狹窄的避車彎進行，一整天下來，駕駛技術不知晉升了幾個級數。不過所有的忐忑與擔心，就在看到平家之里絕美的這一幕，一切都值得了。

關西京都 原谷苑

我第一次覺得櫻花不一定數大便是美，就是在原谷苑。透過精心的規畫與照顧，花園裡的每一個顏色，都有它的角色含意，不管是多了或是少了，都不對。

北海道 瀧上芝櫻公園

一望無際的粉紅花毯就在眼前，此景讓同行的大男生也不由得讚歎起來。特別在藍天的襯托下，粉得更是徹底！心裡直想：「真想在上面翻滾啊！」還好我有忍住，不然被拍下來就糗大了。

東北青森 弘前城公園

在弘前城外圍，先是受到落滿了櫻花花瓣、粉紅色護城河的衝擊，進入園區後又遭受毫不留情的廣域櫻花轟炸。我們一群人被「美」得無法自己，誰會想離開這樣的仙境呢？

粉紅 祕境

九州大分縣 青之洞門

或許是因為沒有預期的關係，在我們走出隧道的那一刻，看到眼前為我們盛開的大銀杏樹，無人不停下腳步，想盡辦法留下它的美麗，不管是收在腦海裡，還是記憶卡裡。

黃色祕境

東北宮城 南三陸日出

當太陽緩緩升起，把眼前一大片海都染成金色，海平面上呈現美麗的粉紫色，非常穿透人心的美。不管歷經了多麼漫長的黑暗，太陽終究會升起的，你說是嗎？

四國愛媛縣 來島海峽大橋

我們比預計的時間晚了半小時才騎車回來島海峽大橋，這時夕陽西下，萬物正在迎接大自然的魔幻時刻，幸運的我們就面對著美景，緩緩向終點前進。

九州福岡縣 河內藤園

賞楓、賞櫻賞多了，北九州這趟倒是第一次來看藤花，紫藤隧道在眼前蔓延，像是無限的延伸，彷彿這世界上的美好幸福，也沒有盡頭一般！

紫色 祕境

離島 與論島
PRICIA RESORT

曾是日本最南端的與論島，隨著沖繩的回歸，南島觀光的地位也被沖繩整碗端走。但不得不說，我們住的地中海風度假濱海飯店，在夕陽沒入海平面的那15分鐘，簡直是美翻了！

白色 *祕境*

九州熊本縣 鍋瀧瀑布

因火山引起的地殼變動，形成神祕的水簾洞地形，可以走到瀑布後面的感覺，真的很像冒險故事裡面才有的事情。這裡實在太適合拍意境照了，我當然也拍了不少！

北海道 摩周湖附近熱氣球

只有冬天熱氣球才能做自由飛行，乘著熱氣球欣賞雪山美景，其實時速不慢，卻感受不到風在流動，或許是因為我們跟風在同樣的頻道裡吧！這樣想是不是比較浪漫呢？

北陸富山縣 庄川峽

駛離庄川峽遊覽船乘船處後，進入一條很長的明隧道，出來後有一座橋。就在過橋的當下，我不經意望向副駕方向，馬上大喊：「快停車，這裡太美了！不拍下來會後悔啊！」

離島竹富島 大棧橋

從棧橋上往外望去，明明都是海，竟然能有這麼多種不同的藍，我心中不禁讚歎大自然的神奇。這種美景以後看不到怎麼辦？也難怪竹富島民會這麼保護自己的海域了！

九州長崎縣 千綿車站

因為偶然的緣分，我來到這個絕美的無人小車站，從車站正門一眼望穿，能看到門的另一側，就是以大海為背景的鐵軌，這樣的美景不常有啊！立馬留下假掰照1張。

四國香川縣 瀨戶大橋

就算沒實際來過，日本旅行愛好者一定都聽過這個名號響叮噹的大橋，若可以自己開車在橋上奔馳，那又是不一樣的體驗了！

離島沖永良部島 フーチャ

一群人就站在崖邊，恣意聊天嬉鬧，偶有海龜遊來遊去，一片祥和。我不覺看海看得出神，如果問我最喜愛的藍色，我一定毫不猶豫，就是這天看到的海色！

四國高知縣 沉下橋

沒有護欄的沉下橋，從遠處看去覺得非常狹窄，即便如此，還是有車子要從上面通行，不禁讓人為他捏把冷汗，到底會不會掉下去呢？

藍色祕境

離島田代島 貓神社附近

貓島果然名不虛傳，上百隻貓咪各有自己的生活領域跟社群，眼前這隻招了就來，應該是特別好客的貓吧！跟我們一起走了一小段路。「掰掰，下次再一起旅行哦！」

中部新潟縣 まつだい農舞台

在大地藝術祭松代農舞台看到的一切都令我驚豔不已，可能因為我是個日語老師吧，綠色的教室最令我印象深刻。如果可以在這裡上課，只要包吃包住，我可以不要酬勞！

綠色 祕境

東北青森縣 田舍館村稻田藝術

一株株都是由當地的大人小孩下田插秧，大家一起完成的稻田藝術，在畫作壯闊的美麗面前，我更為了當地人對家鄉的愛而感動。

山陰鳥取縣 大山

經歷了一場大到沒人想離開車子的大雨之後，像是為了補償我們這些遠道而來的旅人，大山就在我們面前露出臉來。感謝給我這麼棒的按快門時機！

四國高知四萬十 鰻魚飯海膽丼

連日本也極為稀有的天然鰻魚，跟養殖不同的地方在於魚身彈牙的程度，那種咬勁，吃過一次就難再遺忘。搭配的鰻魚肝也是鮮得不得了，極品啊！

九州佐賀呼子 烏賊生魚片

當日捕撈回來的烏賊，現撈現宰，熟練的師傅展現手藝，沒幾分鐘就變成一盤誘人的生魚片切盤。Q彈帶咬勁的烏賊，吃起來很鮮，讓你不覺一口接一口。

祕境美食
TOP 選

北海道釧路 現烤活海鮮

戶外是零下10度左右的冰天雪地，我們在室內烤著爐火，享受自己挑選的現烤海鮮，心裡的滿足感，不是言語可以形容的。

東北青森縣
大間黑鮪魚

黑鮪魚大腹，而且是最前段人稱「蛇腹」的部位，入口即化，留在嘴裡的是濃郁香醇的鮮味，以及滿滿的幸福感。

山陰鳥取
法式鬆餅

使用特選雞蛋製成的pancake，仿照法式吐司的作法，把表面煎得微焦，有脆脆的口感，再加上冰淇淋、淋上焦糖，灑上糖霜跟堅果粉就完成了！

東北宮城縣南三陸
閃亮海膽丼

在日本吃過最好吃的海膽，不是北海道積丹產的，而是宮城南三陸，這樣滿滿的海膽丼一碗2,000円就能吃到，你點不點呢？

Traveler

夢幻祕境冒險

這天，熟悉的鈴聲響起，
你睜開了雙眼，並不想再沉睡，
因為約定的時間已經來臨。
一切都已準備就緒，
帶著填滿夢想的行囊，
整裝，出發！駛向新世界！

湛藍系
沖繩

湛藍的天空映入眼底，

舒服的海風吹拂著燒燙的臉頰，

感受雙腳踩在沙灘上的微妙，

這一刻時間暫時停止，

緩緩地讓全身都包裹在沖繩島，海洋的氣息中……

湛藍系
沖繩4天行

最適合第一次自駕遊！

| 路線難易度 | 初心者1 ★☆☆

　　沖繩是個很適合第一次自駕遊的地方！理由很簡單，因為沖繩景點距離都較近，且車流量比較少，不用開太久的時間。除此之外，沖繩除了那霸市區以外，大眾交通算是比較不方便的，有些景點、餐廳和公車不是沒有到，就是很久才有一班。因此，如果租車自駕，就能善加利用時間，即使是只有4天，還是能非常充實！

沖繩老房屋頂上常見色彩繽紛的「シーサー」，其實跟金門常出現的風獅爺出自同源。可愛的「シーサー」常是大家拍照的重點

以燂肉為主菜的沖繩拉麵，好吃滋味讓人念念不忘

那霸最好逛的牧志中央市場，想挖寶就來這邊找吧

線上地圖 focus!

goo.gl/je7MfU

那霸機場 → 租車 → 35分鐘 → ① 茶処真壁ちなー → 40分鐘 → ② 知念岬 → 10分鐘 → ③ ニライカナイ橋

住宿 那霸市區 ← 步行 ← ⑦ 民謠酒場 昭和村 ← 步行 ← ⑥ 琉球PIRAS ← 步行 ← ⑤ 國際通 ← 40分鐘 ← ④ カフェくるくま ← 5分鐘

① 茶処真壁ちなー 感受古民居的歷史

建築物本身就是古蹟,曾是村長家,後改建成餐廳,讓老宅的生命得以延續。能吃到沖繩傳統料理,值得一試。

推薦 │ そばセット(沖繩麵套餐)950円

② 知念岬 一望無際的沖繩海色

常有貓咪聚集,有著壯闊景色的公園,可一望太平洋的景色。一旁的體育館有用浮球製成的裝置藝術。

③ ニライカナイ橋
(仙境橋)

可遠眺無人島的絕景

沿86號道路往東走，就能抵達這個陸橋。不管是路邊停車跟橋合照，或是駕車行經此橋，都非常推薦。

④ カフェくるくま

在露台度過悠閒時光

就算只是看著整面的海景發呆，也是一種很棒的享受。料理是以咖哩為主的南洋風，味道香濃好吃，價格實惠。

推薦 │ シーフードカレー (海鮮咖哩)1,200円

⑤ 國際通

沖繩最熱鬧的一條街

沖繩最熱鬧的一條街，全長1.6公里，以名產、餐廳、服飾為主。要逛國際通，建議把車停飯店，然後走路過來較便利。

⑥ 琉球PIRAS

沖繩在地藝術家的巧手

以T恤與雜貨為主的服飾店，全商品都是經當地藝術家之手創作出來的。還有充滿沖繩風味的手巾。

推薦 │ 手帕987円

⑦ 民謠酒場昭和村

感受南島熱情的最佳場所

有三線琴Live表演的餐廳，一晚有4場。可吃到山苦瓜、豬腳等沖繩料理。氣氛相當熱鬧，還可以一同歡唱、跳舞。

DATA

● **茶処真壁ちなー**
沖縄県糸満市真壁223
098-997-3207
ＭＣ 232 368 155*40
11：00～16：00
週三公休
P有(免費)

● **知念岬**
沖縄県南城市知念久手堅
098-948-4660
ＭＣ 232 594 412*75
P有(免費)

● **ニライカナイ橋(仙境橋)**
沖縄県南城市知念吉富
098-948-4660
ＭＣ 232 592 562*65
P無(路邊停車)

● **カフェくるくま**
沖縄県南城市知念字知念1190
098-949-1189
ＭＣ 232 562 891*11
10:00～20:00(週二～17:00)
無公休
P有(免費)

● **國際通**
沖縄県那覇市牧志1丁目
ＭＣ 33 157 411*08

● **琉球PIRAS**
沖縄県那覇市松尾2-5-36
098-863-6050
11:00～20:00
不定休
P無

● **民謠酒場昭和村**
沖縄県那覇市松尾2-8-56
098-866-0106
17:00～深夜
無休
P有(收費)

看到時
請不要猶豫！

沖繩必吃必買！

不容錯過的名產、雜貨、美食

海ぶどう (海葡萄)

沖繩特有名產，口感特殊之外，富含營養價值。

價位 ｜ 400～700円／100g
購買 ｜ 牧志市場、國際通的土產品店、那霸機場
國內線、餐廳幾乎都有提供

ちんすこう (金楚糕)

沖繩小餅乾。沖繩人從小吃到大的零嘴，有多種
口味，四處都有在賣，不一定要買特定哪一家，看
到時可先買一個吃看看，如果喜歡再大量購入。

價位 ｜ 1,080円／30個
購買 ｜ 牧志市場、國際通的土產品店、那霸機場
國內線

ゴーヤチャンプルー (炒苦瓜)

用豆腐跟蛋，拌炒山苦瓜的沖繩家常料理，是餐
廳幾乎都有的菜色。來沖繩怎麼能不吃看看？

價位 ｜ 500～650円／份
購買 ｜ 沖繩料理餐廳

サーターアンダギー

(琉球沙翁)

一種類似我們炸麻花的小點，
是沖繩人的靈魂食物。

價位 ｜ 540円／6個
購買 ｜ 牧志市場、土產品店

黑糖 (黑糖)

沖繩特產，可依需求購買各種形
狀，像是粗糖、粉狀、塊狀等的
黑糖。

價位 ｜ 540～648円／400g
購買 ｜ 牧志市場

さんぴん茶

(沖繩香片茶)

沖繩人愛喝的日常茶，便利商店
四處有賣，可以喝喝看。

價位 ｜ 150円／500ml
購買 ｜ 超商、超市

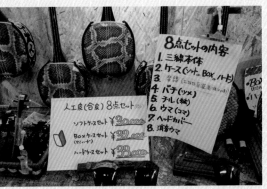

島コーレーグス (島辣椒)

用沖繩的泡盛酒，浸泡辣椒製成的調味料，跟湯麵非常合。普通的台灣泡麵加入幾滴之後，也變得很有沖繩風味。

價位 ｜ 670～1,080円
購買 ｜ 牧志市場、國際通的土產品店、那霸機場國內線

食べる島ラー油 (島辣油)

不會很辣的辣油，可直接加在飯上，口味很香很好吃。

價位 ｜ 約630円
購買 ｜ 牧志市場、國際通的土產品店

沖繩三線

沖繩人從小就學習的樂器，建議找三線專門店購買純手工打造的三線。

價位 ｜ 人工皮三線基本組合3萬円起
購買 ｜ ちんだみ三線店

シークワーサージュース

(沖繩酸桔汁)

沖繩特產果汁，酸酸甜甜很爽口，JAL日本航空也採用為機上果汁。

價位 ｜ 約1,980円／500ml
購買 ｜ 牧志市場、國際通的土產品店、超市

DAY 2

一路向北，沖繩美景一次滿足

總行車時數 190分鐘

🚐 → ① 📷 港川外人住宅區 → 🚐 10分鐘 → ② 🏠 TEDAKO 沖繩麵 → 🚐 80分鐘 → ③ 📷 古宇利大橋 → 🚐 5分鐘 → ④ 📷 古宇利オーシャンタワー

🏢 住宿 名護 ← 🚐 10分鐘 ← ⑦ 🏠 島豚七輪燒滿味 ← 🚐 30分鐘 ← ⑥ 📷 美ら海水族館 ← 🚐 30分鐘 ← ⑤ 📷 古宇利ビーチ ← 🚐 5分鐘 ←

① 港川外人住宅區
美軍軍眷改建的餐廳

曾經是美軍軍眷居住的房舍，現多數已改建成特色商店或餐飲店，好吃好逛，也很好拍照。

② TEDAKO沖繩麵 (てだこ)
當地人也愛吃的沖繩麵

酒雄心目中第一名好吃的沖繩麵，湯頭以大骨熬製而成，分量大且價格便宜，是在地人也愛吃的口味。

③ 古宇利大橋
兩公里的絕景大橋

沖繩北部連接離島「古宇利島」的陸橋，全長2km，是不錯的拍照點，還可跟攤販購買冰淇淋、或是手工藝品。

④ 古宇利オーシャンタワー

收納美景的展望塔

一個可以眺望古宇利大橋一帶海景的展望塔，還附設貝殼博物館，以及餐廳、土產品店等。

⑤ 古宇利ビーチ (古宇利海灘)

橋下的美麗沙灘

古宇利陸橋橫跨在兩片沙灘之上，眼前望去，是一大片的淺灘，最適合游泳玩水。可租借遮陽傘，也有淋浴處。

⑥ 美ら海水族館

(美麗海水族館)

壯觀的鯨鯊水槽

可欣賞鯨鯊的「黑潮之海」水槽，一定要拍張照，餵食秀也別錯過。館外還有海洋公園可以欣賞海豚表演。

⑦ 島豚七輪燒 滿味

號稱可吃到一整頭豬

強調沖繩在地食材的豬肉燒烤專門店，號稱一整頭豬都能吃到，可挑戰各種罕見部位，也能品嘗沖繩豬肉美味。

DATA

● 港川外人住宅區
沖縄県浦添市港川2丁目11
MC 33 341 092*65

● てだこそば(TEDAKO沖繩麵)
沖縄県浦添市仲間1丁目2-2
098-875-5952
MC 33 281 290*74
11:00～20:00
週一公休
P有(免費)

● 古宇利オーシャンタワー
(Ocean Tower)
沖縄県国頭郡今帰仁村字古宇利538
0980-56-1616
MC 485 693 513*16
09:00～18:00
P有(免費)

● 古宇利ビーチ(古宇利海灘)
沖縄県国頭郡今帰仁村字古宇利
0980-56-2101
MC 485 692 052*25
P有(免費)

● 美ら海水族館
沖縄県国頭郡本部町石川424
0980-48-3748
MC 553 075 797*77
08:30～20:00
無公休
P有(免費)

● 島豚七輪燒 滿味
沖縄県名護市伊差川251番地
0980-53-5383
MC 485 360 190*41
17:00～23:00
週二公休
P有(免費)

DAY 3

總行車時數 140分鐘

沖繩中部樂趣多，自駕移動最方便

🚗 →5分鐘 🏠 ① Orion啤酒名護工場 → 🚗 →30分鐘 📷 ② 萬座毛 → 🚗 →10分鐘 🏠 ③ NU-JI餐廳 → 🚗 →30分鐘 📷 ④ 讀谷陶藝之里

🚗 ←5分鐘 📷 ⑦ 北谷美國村 ← 🚗 ←20分鐘 🏠 ⑥ 琉京甘味 SANS SOUCI ← 🚗 ←20分鐘 🏠 ⑤ TRANSIT CAFÉ ← 🚗 ←20分鐘

🏠 ⑧ Chatan Harbor Brewery → 🚶 步行 → 🏢 住宿 北谷

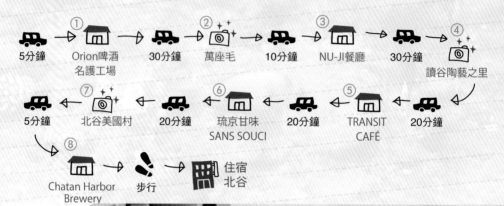

① オリオンビール名護工場 (Orion啤酒名護工廠)

沖繩第一品牌的產地

需事先電話預約，從原料、生產、到包裝都由專人介紹。結束後有免費啤酒試飲。而司機僅招待無酒精飲料。

③ NU-JI餐廳

品嘗沖繩最高級的飯店午餐

沖繩最高級度假飯店ORIENTAL HILLS附設的餐廳，中午對外營業，以高級飯店主廚的手藝，呈現以在地食材製成的經典料理。

② 萬座毛

奇岩絕壁的海岸線

如象鼻子般的奇岩異石海岸線，是很適合拍照的地方。如果還有時間，也能到附近的萬座海灘走走。

④ 讀谷陶藝之里

美麗的陶藝作品集散地

沖繩北窯，也是陶藝品的集散地，可以買到很多藝術家的陶藝作品，天氣好的時候也很好拍照。

⑤TRANSIT CAFÉ
附贈海景的熱門咖啡館
可以欣賞海景的悠閒咖啡店，也有提供正餐，在沖繩是非常受歡迎的排隊名店。

⑥ 琉京甘味 SANS SOUCI
難以忘懷的烏龍麵
把沖繩食材與京都料理完美結合的餐廳，咖哩烏龍麵是我吃過日本最好吃的絕品，各式甜品也很推薦。

⑦ アメリカンビレッジ (北谷美國村)
體驗異國風情的好地方
沖繩有美軍基地，美國大兵也在這組織家庭，是他們假日購物、休閒的地方。除了購物、還有摩天輪可以搭。

⑧ Chatan Harbor Brewery
啤酒愛好者的天堂
沖繩在地精釀啤酒的釀酒廠與酒吧，喜歡啤酒的朋友一定要去試試，也有供應正餐。

DATA

● オリオンビール名護工場
沖縄県名護市東江2-2-1
0980-54-4103
MC 206 598 808*18
09:20～16:40／P有(免費)

● 萬座毛
沖縄県国頭郡恩納村字恩納
098-966-1210／P有(免費)

● NU-JI餐廳(ORIENTAL HILLS 沖繩飯店附設)
沖縄県国頭郡恩納村瀬良垣79-1
098-966-1611
MC 206 315 077*80
11:30～17:00、18:00～21:00
無休／P有(免費)

● やちむんの里(讀谷陶藝之里)
沖縄県中頭郡読谷村座喜味
MC 33 824 880*47／P有(免費)

● TRANSIT CAFÉ
沖縄県中頭郡北谷町字宮城2-220
098-936-5076
MC 33 584 075*53
11:00～16:00、18:00～23:30
不定休／P有(免費)

● 琉京甘味SANS SOUCI
沖縄県中頭郡北中城村字萩道150-3
パークサイド#1822
098-935-1012
MC 33 440 524*04
11:00～20:30
週日公休／P有(免費)

● アメリカンビレッジ(北谷美國村)
沖縄県中頭郡北谷町字美浜16-2
098-926-5678

● Chatan Harbor Brewery
沖縄県中頭郡北谷町美浜53-1
098-926-1118
MC 33 496 681*23
17:30～24:00
無休／P有(免費)

DAY4

總行車時數 90分鐘

溫馨咖啡早餐，逛街賞海景完美Ending

15分鐘 → ① Ploughmans Lunch Bakery → 20分鐘 → ② 首里城 → 30分鐘 → ③ 瀨長島海舵露台 → 10分鐘 → ④ アウトレットあしびなー

⑤ 還車 前往機場 ← 15分鐘 ←

① Ploughmans Lunch Bakery 溫馨的家庭式早餐店

北中城小山坡上的麵包咖啡館，供應好吃的早餐
與午餐，也可以外帶麵包，改建自住宅，很有回家
吃飯的溫馨感。

② 首里城 深入琉球王國的文化

世界文化遺產，可以深入了解琉球王國文化的地方，天氣好的時
候，外圍城牆拍照起來很好看。

③ 瀨長島海舵露台
商圈與海景的加乘樂趣

位於那霸機場附近，結合甜點、土產、餐廳與購物區的商圈，可邊逛街邊欣賞美麗海景，氣氛悠閒，很適合情侶跟家庭。

④ アウトレットあしびなー
登機前的最後血拼衝刺

沖繩唯一的Outlet，如果時間充裕，可來這挖挖寶。距離機場只有5分鐘左右的車程，可以趁還車前先來逛。

DATA

● **Ploughmans Lunch Bakery**
沖繩縣中頭郡北中城村安谷屋927-2
098-979-9097
MC 33 440 756*25
08:00～16:00
週日公休／P有(免費)

● **首里城**
沖繩縣那霸市首里金城町1丁目2
098-886-2020
MC 33 161 526*66
08:00～18:30
無公休／P有(免費)

● **瀨長島ウミカジテラス (瀨長島海舵露台)**
沖繩縣豐見城市瀨長174番地6
MC 33 002 602*06
10：00～21：00
無公休／P有(免費)

● **アウトレットあしびなー**
沖繩縣豐見城市豐崎1-188
098-891-6000
MC 232 544 571*75
10:00～21:00
無公休
P有(免費)

⑤ 那霸機場國內線航廈
買土產的最後機會

相較於迷你的國際線航廈，國內線就有很多可逛可買的。

隱藏版景點 好評加映！

獨立景點

プセナ海中公園
(布聖納海中公園)

不同角度觀賞海底世界

可搭乘玻璃船出海，從船底窺視熱帶魚，還有一座往海底展望台，且沙灘也很美，若沒安排浮潛時可以來這。

第三天順遊

殘波岬
沖繩本島最美的夕日

本島最美夕陽景點，若在此處排全日浮潛，傍晚就可以來這看夕陽。夕日餘暉映照下閃耀的燈塔，令人印象深刻。

獨立景點

海中道路
彷如摩西渡海的感受

離島與沖繩本島的陸橋，開車經此路時，導航顯示我們在一片藍色中前進，好像我們在海上航行一樣，非常有趣。

DATA

● **ブセナ海中公園**
  (布聖納海中公園)
  名護市喜瀬1744-1
  0980-52-3379
  MC 206 442 074*77
  09:00-17:30
  無休
  P有(免費)

● **殘波岬**
  沖縄県中頭郡読谷村字宇座1861
  098-958-0038
  MC 1005 685 357*55
  P有(免費)

● **海の駅 あやはし館**
  (導航設置就可到達海中道路)
  沖縄県うるま市与那城屋平4番地
  098-978-8830
  MC 499 576 410*55
  P有(免費)

● **大泊ビーチ(伊計島)**
  うるま市与那城1012
  098-977-8027
  MC 499 794 635*13
  P有(收費)
  入場免費

● **長浜ビーチ**
  沖縄県国頭郡今帰仁村諸志805
  MC 553 143 208*53
  P有(免費)
  入場免費

獨立景點

大泊ビーチ (伊計島) *祕密的私人沙灘*

過了海中道路繼續往前開約**30分鐘**，可抵達這片神祕的海灘。知道的人少，可以不用跟別人擠，享受寬廣的沙灘。

第二天順遊

長浜ビーチ **拍過偶像劇的私密海灘**

位於沖繩北岸今歸仁的超隱密沙灘，要穿過小徑才能抵達，每一處角落都很美，也很適合情侶前往。

浪漫系
九州

藏身隱密山區的楓紅，

有著豐富多彩的漸層美景，讓你百看不膩，

為數較少的行車，讓你能輕鬆駕馭這裡的街道，

泡溫泉、吃海鮮，乘著夢想，悠閒遨遊！

浪漫系
九州紅葉祕境4天行

│路線難易度│ 中級者2 ★★☆

自由自在地到處玩耍

　　九州雖有許多特色鐵路可以搭乘，但路線不是那麼地密布，且班次也比較少，如果想在九州恣意遨遊，還是自駕方便許多。相較於其他旅遊區域，飛九州的班次很多，且車輛相對會比較少一些，對於剛開始玩自駕的朋友來說，是很不錯的練功場所。九州面積跟台灣差不多大，所以想一次全部跑完還是不太可能，可以依照旅行目的，每次去不同的地方，慢慢品味九州的魅力。

　　九州楓葉都藏身在比較隱密的山區，紅橙黃綠的漸層美景，永遠看不膩。只要不是遇到連續假日，出遊車輛不至於太多，很適合悠閒自駕遊。

在九州自駕的時候，我喜歡找些隱密的咖啡館喝下午茶，享受不可多得的悠閒時光

熊本縣有吃馬肉的習慣，此地的溫泉旅館也都有提供生馬片

大興善寺的夜楓也滿有看頭的

線上地圖 focus!

goo.gl/xvy5gj

DAY 1
總行車時數 195分鐘

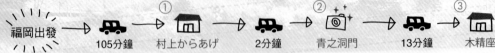
耶馬溪紅葉秘境,校舍咖啡享受自駕樂趣

福岡出發 → 🚗 105分鐘 → ① 🏠 村上からあげ → 🚗 2分鐘 → ② 📷 青之洞門 → 🚗 13分鐘 → ③ 🏠 木精座

住宿 日田 ← 🚗 50分鐘 ← ④ 📷 深耶馬溪 一目八景 ← 🚗 25分鐘 ←

① 村上からあげ
令人口水直流的排隊炸雞
大分縣中津市的特色料理,就是炸雞。村上炸雞店是這一帶的排隊名店,炸雞外酥內嫩又多汁,令人回味無窮。

② 青之洞門
因一片好心而誕生的隧道
日本最早的隧道,也是日本第一座收費道路,是一位僧侶為了讓行人能安全通過,憑藉一己之力把懸崖邊的大石頭鑿出了隧道。隧道口有很美的銀杏可以欣賞。

DATA

● **村上からあげ(炸雞店)**
　大分県中津市本耶馬渓町曽木2040-6
　0979-52-2317
　MC 145 246 812*58
　09:30～18:00
　週一公休
　P有(免費)

● **青之洞門**
　大分県中津市本耶馬渓町曽木
　0979-52-2211
　MC 145 275 567*87
　P有(免費)

● **木精座**
　大分県中津市耶馬溪町大字平田1525
　0979-54-2520
　MC 145 151 805*40
　12:00～22:00
　週二公休
　P有(免費)

● **深耶馬溪一目八景**
　大分県中津市耶馬溪町大字深耶馬
　0979-54-3111
　MC 269 725 150*18
　P有(免費)

③ 木精座
百年回憶的咖啡香

百年小學面臨廢棄之時，由校友出錢買下部分校舍，改建成溫馨的咖啡館，供遊客休息，也把過去的回憶留住。

④ 深耶馬溪一目八景
原地欣賞8景奇觀

各式各樣的奇岩怪石，與豐富的紅葉樹林，構成一幅幅美景，號稱在原地就能看見8種景色，各得此名。

DAY 2

總行車時數 135分鐘

木造老街散策，九醉溪紅葉超美

10分鐘 → ① 豆田町散策 → 步行 → ② 千屋 → 45分鐘 → ③ 桂茶屋 → 50分鐘

住宿 黑川溫泉 ← ⑥ 黑川溫泉街 ← 20分鐘 ← ⑤ 下城の大イチョウ ← 10分鐘 ← ④ 鍋ヶ滝

② 千屋

鰻魚三吃要排隊

把名古屋鰻魚三吃技術，完整傳承到九州的鰻魚飯老店。每天中午都會大排長龍，想吃的話得早點去排隊才行。

① 豆田町

百年職人上乘之作

保留了很多木造老房子的區域，多為職人老店。可以逛逛百年歷史的醬油、藥店、酒鋪，買些紀念品，還有宮崎駿也造訪過的咖啡館。

③ 桂茶屋

醉人的九醉溪谷美景

此處可近距離欣賞九醉溪繽紛的溪谷美，停車在此如果消費滿1,000円即可免停車費，店員都會畫上熊貓妝，熱情接待客人。

⑥ 鍋ヶ滝(鍋瀧瀑布)

瀑布後藏水濂洞

日本女星松嶋菜菜子拍攝茶飲廣告的地方。因為火山爆發而形成的特殊地形，正面看是一個瀑布，但可以走到水流後面去，活像個水簾洞。

DATA

● **豆田町**
　MC 202 847 712*80

● **千屋**
　大分県日田市豆田町4-14
　0973-22-3130
　MC 202 847 803*57
　11:00～20:00
　無公休
　P無

⑤ 下城の大イチョウ(下城大銀杏)

與熱門神木合影

矗立超過千年的銀杏老樹，應該也可以稱得上神木了，每年秋天都是熱門觀光景點。

● **桂茶屋**
　大分県玖珠郡九重町 田野953
　0973-79-3744
　MC 269 011 606*82
　08:00～18:00
　無休
　P有(消費可抵)

● **鍋ヶ滝(鍋瀧瀑布)**
　熊本県阿蘇郡小国町黒渕
　0967-46-4440
　MC 202 199 014*51
　09:00～17:00
　P有(免費)

● **下城の大イチョウ(下城大銀杏)**
　MC 202 231 627*28
　P有(免費)

⑥ 黑川溫泉街 優美的蜜月勝地

日本最適合度蜜月的溫泉街，溪谷中景色優美，還有很多特色小店可以逛，非常值得一去。

● **黑川溫泉街**
　MC 440 542 848*34
　P有(免費)

DAY 3

總行車時數 180分鐘

阿蘇山外圍兜風，高千穗感受日本神話祕境

🚐 → ① 📷✨ → 🚐 → ② 🏠 → 🚐 → ③ 📷✨ → 🚐
30分鐘　　大觀峰　　40分鐘　高森田樂保存會　50分鐘　高千穗峽　　50分鐘

🏨 ← 🚐 ← ④ 📷✨ ↙
住宿　　10分鐘　　高森湧水
南阿蘇　　　　　トンネル公園

① 大觀峰
廣大的破火山口地景

阿蘇山外、輪山高處的展望台及休息站，可以欣賞廣大的破火山口地形。這邊可以買到目前我喝過日本最好喝的優酪乳，還有超級濃郁的冰淇淋。

② 高森田樂保存會
老屋裡的鄉土料理

田樂是將蒟蒻、豆腐塗上深色味噌，並以炭火慢慢烤熟的鄉土料理，此處可在老房子體驗傳統風味的料理。

③ 高千穗峽

神話美景果然不一般

日本開國神話中所出現的高天原，據說就是以高千穗為藍本所創造出來的，除了有步道可以看到很美的瀑布之外，還可以划船從底下欣賞。

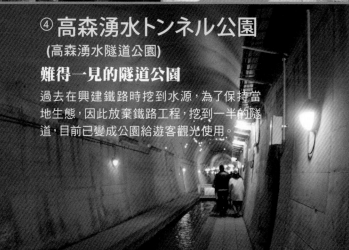

④ 高森湧水トンネル公園
(高森湧水隧道公園)

難得一見的隧道公園

過去在興建鐵路時挖到水源，為了保持當地生態，因此放棄鐵路工程，挖到一半的隧道，目前已變成公園給遊客觀光使用。

DATA

● **大觀峰**
熊本県阿蘇市端辺山田2090-8
0967-32-3856
MC 256 878 384*11
08:00～17:00
無公休
P有(免費)

● **高森田樂保存會**
熊本県阿蘇郡高森町上色見2639
0967-62-0234
MC 256 379 367*87
10:00～18:00
無公休
P有(免費)

● **高千穗峽**
宮崎県西臼杵郡高千穗町三田井
御塩井
0982-73-1213
MC 330 711 760*01
P有(收費)

● **高森湧水トンネル公園**
(高森湧水隧道公園)
阿蘇郡高森町高森1034-2
0967-62-3331
MC 256 224 318*02
09:00～18:00
P有(免費)

DAY4

總行車時數 150＋分鐘

五家莊紅葉祕境，享受世外桃源的靜謐

🚙 → ① 📷✨ → 🚙 → ② 📷✨ → 🚙 → ③ 📷✨ → 🚙

105分鐘　梅木轟公園　35分鐘　五家莊平家之里　10分鐘　樅木吊橋　往人吉或熊本方向繼續旅程

① 梅木轟公園

賞秋楓的好所在

五家莊最靠近外圍的公園，有座美麗的瀑布，還有吊橋，秋天時山谷皆會變色，是欣賞紅葉的好地方。

DATA

● **梅木轟公園**
熊本縣八代市泉町葉木
0965-67-5422
MC 291 113 872*06
P有(免費)

● **五家莊平家之里**
熊本縣八代市泉町樅木160-1
0965-67-5372
MC 291 025 417*27
08:00～17:30
週二公休
P有(免費)

● **樅木吊橋**
熊本縣八代市泉町樅木
0979-54-2520
MC 751 281 291*25
P有(免費)

② 五家莊平家之里

五家莊文物傳說
保留茅草屋與平家落人傳說文物的地方,可以了解五家莊的地理分布,與平家的興衰史。

③ 樅木吊橋

吊橋閒情好殺底片
有2座吊橋跟美麗的溪谷,可以悠閒地散散步,欣賞紅葉美景。

浪漫系
北九州3天行

| 路線難易度 | 初心者1 ★☆☆

　　福岡北九州市往山口縣下關市，是一條很有樂趣的自駕路線，有好吃的海鮮、烤咖哩，還有新日本3大夜景。沿著路線往南可以到別府、大分市，享受溫泉、美術館，以及親子同樂設施。旅行最後，來到人氣非常旺的湯布院溫泉，不管是逛商店街、買藝品、泡溫泉。跟季節無關，隨時可以出發，是我個人非常推薦的自駕路線。

烤咖哩是門司港的庶民美食，便宜又美味，有時間不妨試試

買個海地獄溫泉粉回家，讓我們在家中也能享受大分的溫泉

在湯布院時如果有時間，可以搭乘人力車，車夫會帶你到絕佳景點拍照

線上地圖 focus!

goo.gl/NSffZr

DAY 1

總行車時數 190分鐘

美食滿載，新日本3大夜景迎接最高潮

福岡出發 → 80分鐘 → ① 唐戶市場 → 5分鐘 → ② 赤間神宮 → 15分鐘 → ③ 門司港 → 徒步

住宿 小倉 ← 5分鐘 ← ⑥ 京壽司 ← 40分鐘 ← ⑤ 皿倉山展望台 ← 45分鐘 ← ④ 九州鐵道記念館

① 唐戶市場

自由搭配鮮甜壽司盤

山口縣名物河豚的集散市場，每週五、六、日，各攤位還會擺出100円起的壽司，可以自由搭配成專屬於自己的壽司盤。

③ 門司港

漫步歐風建築之間

明治時代即開放的通商口岸，盡是異國風格的歐式建築，彷彿不在日本一樣，特別浪漫。若肚子還有空間，建議也能來份特色料理──烤咖哩。

② 赤間神宮

藍天下的豔紅神社

下關著名的歷史景點，紅色的神社外觀跟藍天形成的對比非常美，很適合拍照。隔壁的日清講和紀念館，也可以順便一遊。

④ 九州鐵道記念館
體驗開電車的樂趣

九州最大規模的鐵道館,除了展示退役的各時期列車車廂之外,還可以玩到鐵道模擬遊戲,體驗看看開電車的樂趣。

⑤ 皿倉山展望台 (纜車站)
新日本3大夜景之一

新日本3大夜景之一,可以看到小倉與北九州港邊的夜景,不輸函館跟長崎,十分有看頭,假日有纜車運行,平日則只能開車。

⑥ 京壽司
全國第一的迴轉壽司

日本美食口碑網站中,全國排名第一的迴轉壽司店,壽司種類多到不行,而且價格走實惠路線,每天開門時就已有很多人排隊,喜歡壽司的不可錯過。

DATA

● **唐戶市場**
山口縣下關市唐戶町5-50
MC 16 743 384*81
05:00～15:30
P有(免費)

● **赤間神宮**
山口縣下關市阿弥陀寺町4-1
083-231-4138
MC 16 744 693*06
P有(免費)

● **門司港**
MC 16 715 139*65
P有(收費)

● **九州鐵道記念館**
福岡縣北九州市門司区清滝
2-3-29
093-322-1006
MC 16 685 835*18
09:00～17:30
週二公休
P無

● **皿倉山展望台(纜車站)**
福岡縣北九州市八幡東区大字尾倉
093-582-2054
MC 16 365 413*83
10:00～17:40
週二公休
P有(免費)

● **京寿司 京町店**
福岡縣北九州市小倉北区京町
2-6-5
093-551-7890
MC 16 465 838*37
11:00～23:00
週二公休
P有(免費)

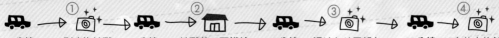

DAY2

總行車時數 145分鐘

溫泉勝地大分,除了泡湯還有很多樂趣

🚗 → ① 📷 → 🚗 → ② 🏠 → 🚗 → ③ 📷 → 🚗 → ④ 📷

90分鐘　別府海地獄　5分鐘　地獄蒸工房鐵輪　5分鐘　湯けむり展望台　20分鐘　大分水族館

🏢 ← 🚗 ← ⑥ 🏠 ← 🚗 ← ⑤ 📷 ← 👣

住宿 大分　5分鐘　ぶるーむ河豚料理　20分鐘　高崎山自然動物園　步行

① 別府海地獄
知名的海地獄溫泉景

別府地獄中最值得一看的海地獄,每天都有很多遊客前往,可以欣賞高溫泉水湧出的特殊景觀。這裡還可以買到海地獄溫泉粉,回家也能泡!

② 地獄蒸工房鐵輪
用溫泉蒸氣製成的料理

品嘗用溫泉蒸氣烹煮的蔬菜、肉品與海鮮,原味又健康!

③ 湯けむり展望台 (溫泉蒸氣展望台)
溫泉大縣的特殊市容

從展望台可以看到別府市區到處都在冒煙,大分真不愧是日本溫泉大縣。

④ 大分水族館
十分奇特的參觀方式

可從水槽的上下立體欣賞的美術館，許多期間限定的企畫，都非常吸引人。

⑤ 高崎山自然動物園
野生猴群萌翻你心

每天都會進行野生猴群的餵食，猴群來時還會有猴群生態的解說，既知性又有樂趣。

⑥ ぶるーむ河豚料理 盛產河豚，實惠又美味

河豚養殖漁業很興盛的大分，縣內能享受到相對便宜又美味的河豚料理。

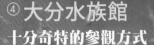

DATA

● 別府海地獄
大分県別府市鉄輪559-1
0977-66-0121
MC 46 521 411*04
08:00～17:00
P有(免費)

● 地獄蒸工房鐵輪
大分県別府市風呂本5組
0977-66-3775
MC 46 522 403*83
09:00～21:00
每月第三個週三公休
P有(免費)

● 湯けむり展望台
(溫泉蒸氣展望台)
MC 46 523 435*16
P有(免費)

● 大分マリーンパレス水族館
「うみたまご」(大分水族館)
大分県大分市大字神崎3078-222-3-29
097-534-1010
MC 46 319 586*18
09:00～17:00
P有(免費)

● 高崎山自然動物園
大分県大分市大字神崎3098-1
097-532-5010
MC 46 319 516*66
08:30～17:00
P有(免費)

● ぶるーむ河豚料理
大分市中央町3-2-24
097-537-3780
MC 46 267 056*64
17：00～23：00
週二公休
P無

DAY3

總行車時數 60＋分鐘

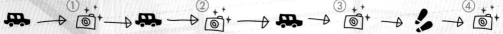

人氣約會景點湯布院，度過美好的一天

🚗 → ① 📷 → 🚗 → ② 📷 → 🚗 → ③ 📷 → 👣 → ④ 📷

10分鐘 OPAM大分 30分鐘 鶴見岳展望台 20分鐘 由布まぶし 心 步行 湯之坪街道
縣立美術館 (別府纜車)

🏨 住宿 湯布院
OR往下一個行程

① OPAM大分縣立美術館

藝遊趣味不間斷

很值得一去的現代美術館，入場免費，可以欣賞有趣
的藝術作品，也能當成休息的地方。

② 鶴見岳展望台

(別府纜車)

四季風情皆精采

搭乘纜車上山，可以
欣賞大分市區風景與
海邊的美麗景色，四
季皆有不同風情。

③ 由布まぶし 心 湯布院排隊名店

將名古屋鰻魚三吃的吃法，帶來湯布院的排隊名店，除了鰻
魚之外，還有牛肉、雞肉可以選擇。

④ 湯之坪街道 熱鬧家飾店逛街趣

湯布院最熱鬧的商店街，金賞可樂餅、熱布丁、蛋糕
捲都是這裡必吃的點心。街上還有很多藝品店，是
購買家中擺設的好地方。

DATA

● **OPAM大分縣立美術館**

大分県大分市寿町2-1
097-533-4500
MC 46 267 283*37
10:00～19:00
P有(免費)

● **鶴見岳展望台(別府纜車)**

大分県別府市大字南立石字寒
原10-7
0977-22-2278
MC 46 369 812*40
P有(免費)

● **由布まぶし 心**

大分県由布市湯布院町川北5-3
0977-85-7880
MC 269 357 149*23
11:00～15:30　17:30～20:00
週四、週日公休
P有(免費)

● **湯之坪街道**

MC 269 358 565*60
P有(收費)

浪漫系
佐賀長崎3天行

| 路線難易度 | 初心者1 ★☆☆

　　相較於觀光客多的福岡、熊本,佐賀跟長崎就比較多在地人會來玩,特別是最近這一帶多了很多老屋改建的餐廳、咖啡店,很適合三五好友或情侶來走一趟。雖然沒有什麼壯觀的大景點,但在小店悠閒度過的下午時光,是非常享受的!

紫藤花開的時間,差不多也是日本的兒童節,鯉魚旗就是這個時節的特殊風景

牛腸鍋是福岡有名的料理,湯頭鮮味濃郁,牛腸軟中帶Q,非常下飯

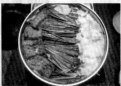

線上地圖 focus!

祐德稻荷神社也有類似京都的千本鳥居,穿梭於紅色鳥居之間,很有神祕感

goo.gl/ZBLzW5

DAY 1
總行車時數 135分鐘

佐賀長崎文創商店巡禮，入住茶鄉嬉野溫泉

福岡出發 → 🚗 85分鐘 → ① 📷 波佐見西之原 → 🚗 25分鐘 → ② 📷 千綿車站 → 🚗 5分鐘 → ③ 🏠 Sorriso riso 千綿米倉庫 → 🚗 20分鐘

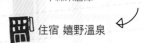
住宿 嬉野溫泉

① 波佐見西之原
感受日本青年的文創力

此地曾是一個持續了百年以上的大型製陶所，於2001年關閉，於在地青年的努力之下，重新開業為文創園區。有陶藝品店、文具店、咖啡店，還有當地阿嬤捏飯團給你吃哦！

② 千綿車站
車站咖啡館飄書卷味

沿著大村灣的美麗車站，有設計團隊將其整建成咖啡館，也是一間自選圖書館，是很棒的拍照景點。

③ Sorriso riso千綿米倉庫
清新風的文創區

將存米的倉庫改建成文創商店，目前有古董店、咖啡店，以及皮件製作店進駐，氣氛很不錯。

④ 嬉野溫泉
享受恬靜的茶滋味

嬉野為茶的產區，在此處可以泡到以茶湯為創意來源的溫泉。料理也多以茶葉入菜，非常有特色。

DATA

● **波佐見西之原**
　長崎県東彼杵郡波佐見町井石郷
　2187-4
　MC 104 184 485*76
　10:00～18:00(各店家不一)
　週三公休／P有(免費)

● **千綿車站**
　長崎県東彼杵郡東彼杵町平似田
　郷750-3
　0957-46-0961
　MC 461 339 092*62
　P有(免費)

● **Sorriso riso千綿米倉庫**
　長崎県東彼杵郡東彼杵町瀬戸郷
　1303-1
　MC 461 338 786*02
　10:00～20:00
　週三公休／P有(免費)

● **嬉野溫泉**
　MC 104 043 269*60

DAY2

呼子漁港逛市場，享受佐賀豐富物產

總行車時數 190分鐘

🚗 → ① 🏠 → 🚗 → ② 🏠 → 🚗 → ③ 🏠 → 🚗 → ④ 📷
80分鐘　呼子朝市　5分鐘　河太郎　30分鐘　唐津小杉窯　20分鐘　鏡山展望台

🏢 ← 🚗 ← ⑥ 🏠 ← 🚗 ← ⑤ 🏠 ← 🚗 ↙
住宿 糸島　10分鐘　ドライブイン　30分鐘　蛋色的蛋糕店　15分鐘
　　　　　　鳥糸島店

① 呼子朝市
鮮美烏賊攻占味蕾

日本最大捕撈烏賊的漁港，早上有市場可以逛，可以買到各種海鮮、魚乾等，也能吃到很多小吃。

② 河太郎
令人垂涎的現撈烏賊

可以吃到生魚片、烤物、炸物等烏賊三吃的名店，現撈烏賊超新鮮！

③ 唐津小杉窯
海鮮形狀的趣味筷架

年輕陶藝師，製作多種海鮮形狀的筷架，價錢合理，自用之外，也可當成伴手禮送人。

④ 鏡山展望台

撫慰心靈的海岸美景

可以欣賞整個虹之松原與美麗的海岸線，是個可以
靜下心來慢慢欣賞的觀景台。

⑤ 蛋色的蛋糕店

極品超濃郁蛋糕捲

使用契作農家提供高級雞
蛋，製作成蛋味濃郁的蛋糕
捲，簡直是極品，且在日式榻
榻米的房間內，邊欣賞美麗
的庭園邊享用，這種體驗真
是難忘。

⑥ ドライブイン鳥糸島店

在地人也愛的燒肉店

一間當地人聚餐、外食的雞肉燒肉專門店，把佐賀品牌雞肉帶過來糸
島，口味濃郁帶嚼勁。生意非常好，常常需要排隊。

DATA

● **呼子朝市**
　佐賀県唐津市呼子町呼子
　0955-82-0678
　MC 182 722 110*78
　07:30～12:00
　無公休／P有(收費)

● **河太郎**
　佐賀県唐津市呼子町呼子1744-17
　0955-82-3208
　MC 182 752 186*03
　11:40～19:00
　無公休／P有(免費)

● **唐津小杉窯**
　佐賀県唐津市和多田用尺8-1
　MC 182 372 208*15
　無公休／P有(免費)

● **鏡山展望台**
　佐賀県唐津市鏡
　0955-72-9111
　MC 182 347 253*51
　P有(免費)

● **たまご色のケーキ屋さん**
　佐賀県唐津市浜玉町浜崎2269
　0955-56-6802
　MC 182 377 417*411
　10:30～18:00
　週一、週二公休／P有(免費)

● **ドライブイン鳥糸島店**
　福岡県糸島市神在1384-2
　092-331-8710
　MC 224 456 284*82
　11:00～23:00
　週三公休／P有(免費)

DAY 3

福岡夏威夷糸島兜風，悠閒享受午後時光

總行車時數 87+分鐘

① → SUMI CAFÉ → 15分鐘 → ② 白糸の滝 → 30分鐘 → ③ 僧伽小野 → 15分鐘 → ④ 陶工房Ron

10分鐘

⑦ 往福岡繼續 下個旅程 ← PALM BEACH THE GARDEN ← 2分鐘 ← ⑥ 二見浦 ← 15分鐘 ← ⑤ 糸島兜風

① SUMI CAFÉ 農田中的暖心料理

農田中的溫馨咖啡館，改建自農舍，除了可以用簡餐之外，2樓可以買陶藝品。同園區內，還有鹽的專賣店，以及另一間提供正餐的餐廳。

② 白糸の滝(白糸瀑布)

拋開憂慮奔向大自然

鄰近居民假日親近大自然的好去處，夏天可以來這邊釣魚、吃流水麵。

③ 僧伽小野

附贈海景的懷石料理

一天僅接待3組客人的溫馨旅館,午餐有對外營業,在可以看海的和室中,享受很有季節感的懷石料理。

④ 陶工房Ron

純手工的質感陶藝品

老夫婦經營的陶藝工房,先生製作傳統的紋路,太太則以動物圖案為主,很值得買來收藏。

⑤ 糸島

滿足衝浪魂的美麗海域

此地區沿著日本海,有著一條很美的海岸線,浪潮適合衝浪,特色小店林立,頗有夏威夷北岸的悠閒氛圍。

⑥ 二見浦
巨大的海上連石奇景
海上2顆相連的巨大岩石,稱為夫婦岩,還有一個海上大鳥居,是海邊兜風的景點。

⑦ PALM BEACH THE GARDEN
糸島味濃厚的小店特區
海邊白色大露台,規畫成許多小商店,有陶藝品、夏威夷風小物、糸島當地農產品等小店,很值得一逛!

DATA

● **SUMI CAFÉ**
福岡県糸島市本1454
092-330-8732
MC 224 368 823*51
12:00~17:00
週四公休
P有(免費)

● **白糸の滝(白糸瀑布)**
福岡県糸島市白糸460－6
098-891-6000
MC 224 216 249*13
P有(免費)

● **僧伽小野**
福岡県糸島市志摩久家2143-2
092-328-3938
MC 224 481 288*75
11:00~14:30
無公休
P有(免費)

● **陶工房Ron**
福岡県糸島市志摩小金丸1873-19
092-327-4680
MC 224 603 515*87
11:00~17:00
P有(免費)

● **二見浦**
福岡県糸島市志摩桜井
092-332-2098
MC 224 788 269*63
P有(免費)

● **PALM BEACH THE GARDEN**
福岡県福岡市西区西浦
MC 224 789 704*48
無公休
P有(免費)

悠活系
瀨戶內

遠離大城市的喧囂，

內心不自覺嚮往小鎮的寧靜美好

慢慢調整原本急躁的步伐，甘之如飴，

原來這才是旅行的真諦。

悠活系
瀨戶內4天行

┃路線難易度┃ 中級者2 ★★☆

　　圍繞著瀨戶內海的本州與四國，有許多值得走走的小鎮，每一個都很有特色。如果走膩了大景點的擁擠，也不喜歡大城市的喧囂，那走一趟瀨戶內海，慢慢感受海風，享受小鎮的寧靜，好像也是不錯的選擇！

在尾道遇到當地的小學生正在發送手繪觀光導覽，有了他們的推薦，讓人覺得尾道更可愛了

金刀比羅宮自古就有狗狗代替主人來參拜的習俗，當地人會幫忙引導，讓狗狗可以順利達成任務

倉敷有很多小店專賣雜貨，買些點綴生活的小物，也是旅行一大樂趣

線上地圖 focus!

goo.gl/Xh447X

DAY 1
總行車時數 55分鐘

倉敷小鎮漫步，OUTLET購物趣

岡山出發 → 🚗 40分鐘 → ① 📷 倉敷美觀地區 → 👣 步行 → ② 📷 大原美術館 → 👣 步行 → ③ 📷 倉敷川遊船 → 🚗 10分鐘

④ 三井OUTLET PARK 倉敷店 → 🚗 5分鐘 → 🏣 住宿 倉敷

① 倉敷美觀地區
保存完整的江戶建築

江戶時代的倉敷曾是貨物集散地，即使進入明治時代，此地商業發展仍很興盛。於1969年被設為建築物保存地區，觀光客也因此聚集過來。

② 大原美術館
日本第一座西洋美術館

日本第一座西洋美術館，至今仍能感受其建築之美，有來自世界各地與日本的收藏品，很值得一遊。

DATA

● **倉敷美觀地區**
　岡山縣倉敷市中央1丁目
　MC 19 632 117*74
　P有(收費)

● **大原美術館**
　岡山縣倉敷市中央1-1-15
　086-422-0005
　MC 19 632 143*10
　09:00～17:00
　無公休
　P無

● **三井OUTLET PARK倉敷店**
　岡山縣倉敷市壽町12-3
　086-441-6626
　MC 19 661 053*25
　10:00～20:00
　無公休
　P有(免費)

③ 倉敷川遊船
體驗舊時的倉敷生活
過去倉敷的河運十分興盛,現在仍保留乘船處及橋等景觀,成為觀光客很喜愛的體驗活動。

④ 三井OUTLET PARK倉敷店
很好買的超大型賣場
最好逛的Outlet倉敷分店,可買到許多世界知名品牌商品,也有餐廳可以吃飯。

DAY2

總行車時數 215分鐘

瀨戶大橋下大合照，金刀比羅宮練腳力

🚐 → 🏠 ① → 🚐 → 📷 ② → 🚐 → 🏠 ③ → 👣 → 📷 ④

40分鐘　　児島ジーン　　15分鐘　　瀨戶大橋　　30分鐘　　おがわうどん　　步行　　金刀比羅宮
　　　　　ズストリート

🏢 ← 👣 ← 📷 ⑤ ← 🚐

住宿　　　步行　　道後溫泉街　　120分鐘
道後溫泉

① 児島ジーンズス
トリート(兒島牛仔褲街)

正宗日本製牛仔褲

當地牛仔褲商店林立的一條街，
如果想找一條全日本製的牛仔
褲，這裡選擇非常多哦！

② 瀨戶大橋

瀨戶最有名的地標

非常壯觀的瀨戶大橋，可以到休息站
的展望台上欣賞，記得一定要跟橋合
照一張喔！

DATA

● 児島ジーンズストリート
（兒島牛仔褲街）
岡山県倉敷市児島味野2丁目
5-3
MC 19 186 017*65
P有(免費)

● おがわうどん
香川県仲多度郡琴平町旭町
154
0877-75-1660
MC 77 384 245*26
09:00～17:00
週三公休
P無

③ おがわうどん
烏龍麵一定要在這裡吃
香川縣就是日本有名的烏龍麵大縣，金刀比羅宮附近也有非常好吃的小店。烏龍麵之外，關東煮也很好吃！

④ 金刀比羅宮
爬千階參拜考驗毅力
是海上交通的守護神，如果要到本宮參拜，共要爬1,368階的階梯，爬上去可以看到美麗的風景，會有非常滿足的成就感。

● 金刀比羅宮
香川県仲多度郡琴平町892-1
0877-75-2121
MC 77 352 613*06
P有(收費)

● 道後溫泉街
愛媛県松山市道後湯之町5-6
MC 53 349 770*88
P有(收費)

⑤ 道後溫泉街　最古老的溫泉勝地
愛媛縣最古老又最有名的溫泉地，是大文豪夏目漱石年輕曾住過的地方，除了有很多溫泉可以泡之外，還有一條很好逛的商店街。

DAY3 島波海道絕景單車行

總行車時數 125分鐘

步行 → ① 道後溫泉本館 → 70分鐘 → ② 來島海峽展望館 → 5分鐘 → ③ SUNRISE糸山 → 單車 → ④ 島波海道單車體驗

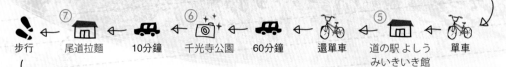

步行 ← ⑦ 尾道拉麵 ← 10分鐘 ← ⑥ 千光寺公園 ← 60分鐘 ← 還單車 ← ⑤ 道の駅 よしう みいきいき館 ← 單車

住宿 尾道

① 道後溫泉本館　神隱少女取景地

夏目漱石年輕時曾寄宿於此，據說也是宮崎駿知名動畫電影「神隱少女」的場景靈感來源之一。

註：道後溫泉本館將於2018年起進行翻新工程，期間會部分停業，但仍可以泡湯，工程預計持續6～7年。

② 來島海峽展望館
來島海峽大橋的賞景處

可以一望壯觀的來島海峽大橋的地方，風景非常美麗。

③ サンライズ糸山
(SUNRISE糸山)

租好單車，直接起行

可以租借單車的地方，也是島波海道單車道從愛媛方面進去的入口。

④ 島波海道單車體驗
騎單車兜風最愜意

島波海道全長雖有70公里，但也可以依照個人體力狀況，選擇中途折返，如果平常較少騎單車，大約騎20～30公里最合適。

⑤ 道の駅 よしうみいきいき館

自己動手烤最好吃

老闆娘從台灣嫁到日本，經營這間碳烤店，可以挑選自己喜歡的海鮮，再用碳爐燒烤，吃起來非常過癮！

⑥ 千光寺公園

夜景與櫻花的賞景名所

可以欣賞尾道灣夜景的千光寺公園，可直接開車上去，不一定要搭乘纜車。

⑦ 尾道拉麵 有海鮮味的在地拉麵

來到拉麵聞名的尾道，當然要來一碗試試，醬油帶點海鮮風味的湯底，是那種令人懷念的拉麵口味。

DATA

● **來島海峽展望館**
　愛媛県今治市小浦町2丁目5-2
　0898-41-5002
　MC 356 417 289*63
　09:00～18:00
　無公休／P有(免費)

● **サンライズ糸山(SUNRISE糸山)**
　愛媛県今治市砂場町2丁目8-1
　0898-41-3196
　MC 356 387 768*58
　P有(免費)

● **道の駅 よしうみいきいき館**
　愛媛県今治市吉海町名4520-2
　0897-84-3710
　MC 381 122 838*67
　09:00～17.00
　無公休／P有(免費)

● **千光寺公園**
　広島県尾道市西土堂町19-1
　0848-38-9184
　MC 48 278 023*67
　無公休／P有(收費)

DAY 4

總行車時數 0+分鐘

尾道商店街散策，貓之細道好可愛

步行 → 尾道商店街 ① → 步行 → NPO工房尾道帆布 ② → 步行 → 帆雨亭 ③ → 步行 → 貓之細道 ④

往廣島或回岡山，繼續下個行程 ← 尾道燒 ← 步行

① 尾道商店街

具生活感的商店街

街上除了有傳統的魚板店、帆布店、五金行等等之外，還有很多年輕人改建老屋而成的文創商店，不管男女老幼都很適合。

② NPO工房尾道帆布

日式帆布品質有目共睹

曾以紡織業興盛的尾道，這間工房是一間非營利組織，有提供帆布商品及客製化服務。價格公道合理，自用之外也很適合當作禮物。

③ 帆雨亭

伴著文學味的品茶時光

位於尾道坡上的一間小茶室，店內展示大量的志賀直哉的文學作品，若是秋天來，還可以欣賞美麗的紅葉。

DATA

● **NPO工房尾道帆布**
　広島県尾道市土堂2丁目1-16
　0848-24-0807
　MC 48 249 521*45
　10:00～18:00
　週四公休
　P有(免費)

● **帆雨亭**
　広島県尾道市 東土堂町11-30
　0848-23-2105
　10:00～17:00
　無公休
　P無

● **貓之細道**
　広島県尾道市東土堂町19-31
　MC 48 249 790*54
　P無

④ 貓之細道

彩繪石貓的趣味小徑

千光寺附近某一段石階小路，路邊擺放許多貓咪的石頭彩繪，故有了這個稱呼。

⑤ 尾道燒

特殊的雞胗炒麵燒

基本上跟廣島燒差不多，都有加入炒麵，不過比較特別是，尾道這邊都會加入雞胗作為配料，脆脆的口感非常好吃！

千年系
京都

京都，是一鍋熬煮千年的高湯，從古寺到街巷裏，散發出一股濃濃的老城醍醐味。

翻閱著沉澱千年的歷史，讓人不禁想起往日的記憶

於是來自各地的旅人一次又一次地造訪

希望能遇見過去那個熟悉的自己，再次，回到最初的起點

千年系
京都5天行

│ **路線難易度** │ 中級者2 ★★☆

　一般可能會認為京都街道都很窄，也許不太適合自駕，但其實開起來跟其他城市沒有什麼差別，而且沒有像大阪、東京那類大都市那麼複雜，加上京都巷弄間的付費停車場算是很密集，所以去哪都方便，又可以不用受限於公車的路線，我個人很推薦。尤其如果要帶爸媽遊京都，還有什麼比自駕更方便的呢？

美山值得你住一宿，享受夜晚的寧靜，與清晨的蟲鳴鳥叫

京都料理，有時吃的不是豪華，而是一種心靈的洗滌

京都必逛的新京極商店街，不買東西光是看看也賞心悅目

線上地圖 focus!

goo.gl/maps/2lmn0

DAY 1

初訪關西，欣賞經典中の經典

租車 → 80分鐘 → ① 三十三間堂 → 10分鐘 → ② 清水寺 → ③ 地主神社

住宿 京都 ← 10分鐘 ← ④ 八坂圓堂 ← 5分鐘

① 三十三間堂
千尊觀音的超級大佛堂

後白河上皇的佛堂，1,001 尊觀音像非常壯觀。

② 清水寺 京都必訪的最大地標

京都必訪景點，除了清水寺本身，外面參道上的商店也是必逛的。

③ 地主神社
剩男剩女的一線曙光

祈求良緣的神社，「戀占之石」深受觀光客的喜愛，人生至少要玩上一次！矇仔眼，如果能從其中一顆順利走到另一顆石頭的位置，據說戀愛的願望就能順利實現。

④ 八坂圓堂
邂逅優雅的天婦羅

充滿店主堅持的天婦羅專門店，吃一次可能對天婦羅這種料理完全改觀，在高雅的和室中享用天婦羅，恰到好處的調理，徹底發揮季節食材的原始美味，原來蔬菜跟魚清爽而不油膩。副作用是回來後會一直想念。

推薦 ｜ 天婦羅套餐 午餐3,500円起、晚餐9,000円起

DATA

● **三十三間堂**
京都府京都市東山区三十三間堂廻り町657
075-561-0467
MC 7 557 148*35
08:00～17:00
門票600円
P有(免費)

● **清水寺**
京都府京都市東山区清水1丁目294堅
075-551-1234
MC 7 559 886*27
06:00～18:00
門票300円
P有(收費)

● **八坂圓堂**
京都府京都市東山区八坂通り東大路西入る566
075-551-1488
MC 7 588 430*18
11:30～15:00
07:00～22:00
無公休
P有(免費)

DAY 2

哲學之道上的漫遊、品味懷石料理

總行車時數 65分鐘

🚗 15分鐘 → ① 📷 銀閣寺 → 🚗 10分鐘 → ② 🏠 瓢亭 → 🚗 15分鐘 → ③ 📷 南禪寺

住宿 京都 🏨 ← 🚗 5分鐘 ← ⑤ 🏠 肉屋弘商店 ← 🚗 5分鐘 ← ④ 📷 新京極通商店街 ← 🚗 15分鐘

① 銀閣寺

枯山水庭園的代表作

正式名稱為「東山慈照寺」，知名的銀沙灘、
向月台極富禪意，是散步的好地方。

② 瓢亭

米其林三星的尊爵享受

獲米其林三星肯定的懷石料理，慰勞
自己整年辛勞的最佳選擇。

推薦 ｜ 懷石套餐 午餐23,000円起、晚餐27,000円起

③ 南禪寺 外拍寫真的最佳場所

臨濟宗南禪寺派大本山,散步在此地的感覺非常好。有幾處需門票的庭園可參觀。

④ 新京極通商店街
流行時尚挖寶好地方

相當具有歷史的商店街,匯集了許多個性商店,逛街首選。

⑤ 肉屋弘商店
大口吃肉、大口滿足

肉鋪經營的平價燒肉店,提供很多市場上少見的好吃部位,滿足饕客的味蕾。

推薦 │ 宴會套餐3,500円,最少需兩人以上

DATA

● 銀閣寺
京都府京都市左京区銀閣寺町2
075-771-5725
MC 7 681 753*80
08:30～17:00
門票500円
P有(收費)

● 瓢亭(本店)
京都府京都市左京区南禅寺草川町35
075-771-4116
MC 7 619 892*81
11:00～21:00
第2、4週二公休
P有(免費)

● 南禪寺
京都府京都市左京区南禅寺福地町
075-771-0365
MC 7 650 049*70
08:40～16:30
P有(收費)

● 新京極通商店街
京都市中京区新京極通
MC 7 617 342*21
P有(收費)

● 肉屋弘商店
京都府京都市中京区烏丸通錦小路東入元法然寺町681
075-253-0298
MC 7 616 198*21
17:00～24:00
無公休
P無

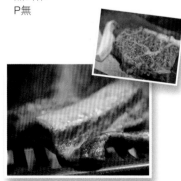

DAY 3

總行車時數 120分鐘

找尋心中的寂靜，普茶料理與美山茅草屋

① 10分鐘 → 出町ふたば → 15分鐘 → ② 龍安寺 → 10分鐘 → ③ 閑臥庵 → 70分鐘

住宿 枕川樓 ← ⑥ cafe美卵 ← ⑤ 茅草之里 ← 10分鐘 ← ④ 美山ふれあい広場

① 出町ふたば
京都點心的第一選擇

豆大福專賣店，每一樣都非常好吃，手工現做不能久放，所以有走訪京都才能吃到。

推薦 │ 名代豆餅160円／1個

② 龍安寺
令人禪思的枯山水庭園

以饒富哲學意義的石庭，坐在走廊思考看看，什麼才是我們旅行的意義？

③ 閑臥庵
庭園中享受身心靈的寧靜

黃檗禪宗的佛寺，提供茶懷石料理，雖是素食，但別出心裁的料理設計以及美麗的庭園，整個療癒旅人的心靈。

推薦 │ 普茶料理套餐5,775円起，最少兩人

DATA

● **出町ふたば**
京都府京都市上京区河原町
通今出川上る青龍町236
075-231-1658
MC 7 587 886*80
08:30～17:30
週二公休、每月第4週三公休
P無

● **龍安寺**
京都市右京区龍安寺御陵下町13
075-463-2216
MC 7 701 592*55
08:30～16:30
門票500円・P有(免費)

● **閑臥庵**
京都府京都市北区鞍馬口町寺町
西入新御霊口278
075-256-2480(需事先預約)
MC 7 736 203*17
12:00～15:00
17:00～21:00
無公休・P有(免費)

● **美山ふれあい広場**
京都府南丹市美山町安掛下25
0771-75-5300
MC 282 070 777*24
08:00～18:00・P有(免費)

● **かやぶきの里(茅草之里)**
京都府南丹市美山町北揚石21-1
0771-77-0660
MC 282 225 062*15
P有(免費)

● **cafe美卵**
京都府南丹市美山町北上牧42
0771-77-0569
MC 282 225 274*36
09:00～17:00・不定休・P有(免費)

● **枕川樓料理旅館**
京都府南丹市美山町中
0771-77-0003
MC 282 227 216*11
P有(免費)

④ 美山ふれあい広場
美山牛乳的好滋味
美山的休息站，除了農產品販售之外，還有濃厚好吃的冰淇淋。

⑤ かやぶきの里
(茅草之里)
時間静止的角落
保留傳統茅草屋的聚落，可以看到前人的生活方式，純樸的農村景色令人嚮往。

⑥ cafe美卵
田園咖啡的閑静
雞農所經營的咖啡廳，可買到當日生產、最新鮮的生雞蛋，隔天早上可以來碗生雞蛋拌飯。

⑦ 枕川樓料理旅館
山間的淳樸美味
料理自慢的小旅館，旅館晚餐堅持使用在地食材，設計季節菜單招待客人。

DAY 4

探訪日本三景以及世界最美的漁村

總行車時數 150分鐘

① 100分鐘 → 成相寺 → 30分鐘 → 舟屋の里 → 5分鐘 → 參觀舟屋 ④ 海上TAXI

奧伊根溫泉油屋別館　住宿和亭 ← 15分鐘 ← 伊根工房 ⑤

① 成相寺 自駕私房景點

是欣賞天橋立絕景的好地方，視野極佳，開車上來可少爬40分鐘的山路。

② 舟屋の里 眺望漁村的絕佳景點

是休息站也是觀光協會所在地，可幫忙詢問船屋參觀事宜。

③ 參觀舟屋
體驗漁民的生活方式

透過觀光協會介紹，可造訪有住人的舟屋，屋主還會介紹舟屋的生活方式。

④ 海上TAXI 海上巡視舟屋風情

由伊根居民經營的運輸小艇,有數家業者,可載我們從海上觀賞整個伊根舟屋;船夫逗趣的介紹也是賣點。

⑤ 伊根工房

小鎮咖啡的歇息

一名陶藝家經營的藝廊,1樓展示作品,裡面及2樓則為咖啡廳,可以小歇,並聽主人分享舟屋的故事。

推薦 ｜ 咖啡500円

DATA

● **成相寺**
　京都府宮津市成相寺339
　0772-27-0018
　MC 197 352 084*47
　08:00～16:30
　門票500円
　P有(免費)

● **舟屋の里**
　京都府与謝郡伊根町字亀島459番地
　0772-32-0680
　MC 652 605 488*20
　P有(免費)

● **伊根工房**
　京都府与謝郡伊根町字亀島848
　0772-32-0071
　MC 652 575 789*74
　週二公休
　P無

● **奧伊根溫泉油屋別館 和亭**
　京都府与謝郡伊根町津母570
　0772-32-0306
　MC 652 724 891*30
　P有(免費)

⑥ 奧伊根溫泉油屋別館 和亭

奢華享受的螃蟹大餐

位置相當隱密的高級溫泉旅館,旅館晚餐美味海鮮料理擄獲老饕的心,為此許多熟客會大老遠跑來住宿。

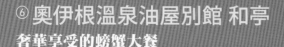

DAY 5

總行車時數 200分鐘

回家的路總是太快，依依不捨最後一買

① 🚗 → ① 📷 → 🚗 → ② 📷 → 還車
160分鐘　大阪道頓堀　40分鐘　PREMIUM OUTLETS

① 大阪道頓堀
購物血拼的最佳場所

到大阪最熱鬧的街上買藥妝、流行商品，再來個章魚燒。

② りんくうプレミアム・アウトレット (PREMIUM OUTLETS)
Outlet精選商品琳琅滿目

還車前最後一買，不管買多少都可以先放車上，可以輕鬆購物。

DATA

● **道頓堀**
　大阪市中央区道頓堀
　MC 1 285 795*22
　P無

● **りんくうプレミアム・アウトレット**
(PREMIUM OUTLETS)
　大阪府泉佐野市りんくう往来南3-28
　072-458-4600
　MC 35 860 382*50
　10:00～20:00
　P有(免費)

看到時
請不要猶豫！

京都必吃必買！
不容錯過的名產、雜貨、美食

よーじや 美妝店

京都最有名的化妝品專賣店，黑髮女生的圖案，相信不管是誰，看完就會有印象。除了吸油面紙，還有很多化妝品都是女性很愛買的商品。

推薦 ｜ あぶらとり紙(吸油面紙)352円
購買 ｜ よーじや、土產品店

聖護院八ッ橋 和菓子店

京都傳統的和菓子稱為「八橋」，雪白的薄皮，包著紅豆內餡，甜而不膩的口味，是茶類、咖啡良伴。

推薦 ｜ 八橋540円
購買 ｜ 機場、土產店、聖護院八ッ橋

鳥獸戯画風呂敷巾

京都商店常見以日本最早的漫畫「鳥獸戯畫」為主題的風呂敷巾。包便當、禮品、或當桌巾都非常合適。

推薦 ｜ 小風呂敷648円
購買 ｜ 機場、土產店

一澤信三郎帆布

京都職人手作的帆布產品，給厭倦了名牌的你，一個返璞歸真又不失氣質的好選擇。

推薦 ｜ 筆袋3,240円
購買 ｜ 一澤信三郎帆布

一保堂 茶鋪

京都名茶「宇治茶」的名店，不管是煎茶、玉露或抹茶，都是首選的伴手禮。

推薦 ｜ 煎茶薰風110g小罐裝2,700円
購買 ｜ 一保堂

まるん 糖果店

由京都扇子老店「舞扇堂」所經營的糖果店，京都共有5家，以色彩繽紛的糖果著稱。

推薦 ｜ 金平糖432円
購買 ｜ 舞扇堂

自然系
青森

春夏秋冬交織出千變萬化的青森，
是綠葉中的綠，粉櫻中的粉，
楓紅中的紅，白雪中的白和……
夢中的夢。

自然系
青森4天行

｜路線難易度｜ 初心者1 ★☆☆

　　青森是個充滿魅力的縣，不但縣內有豐富的自然資源，又是很有季節感的地方：春有櫻花、夏有祭典、秋有楓紅、冬有溫泉。因其地處本州島最北之地，距離主要國際機場很遙遠，又沒有密集的大眾運輸網，這個交通的安排，常常讓旅人傷透腦筋，常常轉車就耗掉了很多時間。這種交通不便的地方，就是最適合自駕遊了。

青森行程建議

　　在安排青森行程的時候，常常會依照季節性目的，來安排行程，大致如下表：

季節	景點
春天賞櫻花	弘前、金木、岩木山
夏天看祭典	青森市、弘前市、五所川原市
秋天賞楓紅	白神山地、八甲田山、十和田湖、奧入瀨溪流
冬天看雪景	金木、八戶、十和田湖冬物語

　　雖然青森的季節性活動，都非常有看頭，但我提供一個不管何時造訪青森，都可以充分感受青森魅力的行程，由青森市開始，為期4天3夜(P.84～P.93)。

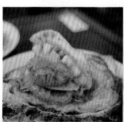

青森一直都是很棒的賞櫻勝地，明年春天要不要來看看呢

青森特產扇貝，
在產地吃，新鮮
又便宜

冬季的青森也會化
為雪國，在十和田
湖可體驗冰屋樂趣

線上地圖 focus!

goo.gl/maps/F79Zc

① 古川市場のっけ丼

親手打造最喜愛的海鮮丼

「のっけ丼」意思是「喜歡什麼就裝進去」。買好餐券之後，到各攤位挑選喜歡的料，完成屬於自己的海鮮丼。

② 青森縣立美術館

必訪地標青森犬

奈良美智作品「青森犬」塑像，現是青森地標。美術館內是以在地藝術家作品為主，有附設咖啡廳。

③ 道の駅なみおかアップルヒル
(公路休息站)

購買蘋果產品的好地方

秋天時可採收蘋果體驗,如不是收成季節,也能買到在地產的蘋果,價格實惠。另也推薦蘋果冰淇淋。

④ 田んぼアート (稻田藝術)

農村與藝術的完美融合

春～秋之間可欣賞田舍館村稻田藝術,每年皆有不同創作主題,全都是由民眾耕作而成的藝術畫作。

⑤ 南田蘋果溫泉

享受青森蘋果浴

來到滿是蘋果的青森,除了享用蘋果大餐之外,更不該錯過提供「蘋果浴」的南田蘋果溫泉。

DATA

● **古川市場のっけ丼**
青森県青森市古川1-11-16
017-734-1311
MC 99 553 712*80
07:00～17:00
週二公休／P有(收費)

● **青森縣立美術館**
青森市安田字近野185
017-783-3000
MC 99 489 495*24
09:30～17:00
每月第2、4週一公休
門票500円／P有(免費)

● **道の駅なみおかアップルヒル**
青森県青森市浪岡大字女鹿沢字野尻2-3
0172-62-1170
MC 71 474 748*41
08:00～17:00
無公休／P有(免費)

● **田舍館村役場(稻田藝術第一會場)**
青森県南津輕郡田舍館村大字田舍舘字中辻123番地1
0172-58-2111
MC 71 171 373*28
09:00～17:00
無公休／P有(免費)
一、二會場共300円

● **道の駅いなかだて(稻田藝術第二會場)**
青森県南津輕郡田舍館村高樋八幡10
0172-58-4411
MC 71 174 652*62
09:00～17:00
無公休／P有(免費)
一、二會場共300円

● **南田蘋果溫泉**
青森県平川市町居南田166-3
0172-44-3711
MC 71 023 237*66／P有(免費)

青森必吃必買！
不容錯過的名產、雜貨、美食

気になるリンゴ (蘋果年輪派)

內含一整顆青森縣產富士蘋果的超大蘋果派，一看外表覺得有點誇張，吃起來不甜膩又能吃到蘋果好滋味。青森土產送禮首選。

價位 | 700円
購買 | 土產店

アップルジュース銀のねぶた (銀色睡魔蘋果汁)

用「王林」蘋果及富士蘋果調和而成的蘋果原汁，甜中帶著清香，非常好喝。

價位 | 540円
購買 | 土產店

せんべい汁セット (仙貝火鍋料理包)

曾獲全日本B級美食冠軍的青森「仙貝」火鍋，煮過的仙貝口感Q軟，搭配雞高湯吃起來非常對味，台灣吃不到的好味道。

價位 | 仙貝火鍋組合540円
購買 | 土產店、超市

パティシエのりんごスティック (甜點師父蘋果派)

使用青森縣產蘋果果肉的甜點，派皮很酥，內餡充滿蘋果美味，是很推薦的小點心。

價位 ｜ 1,200円／8個
購買 ｜ 土產店

【味の加久の屋】いちご煮 (莓煮罐頭)

曾經是八戶地區招待客人的豪華料理，大膽的把海中珍味海膽、鮑魚拿來煮湯，因為湯中的海膽看起來像野莓而得名。

價位 ｜ 莓煮1,468円
購買 ｜ 八戶地區的土產店、超市

こぎん手ぬぐい

(小巾手帕)

青森傳統的織物，顏色及紋樣都是青森特有，非常值得擁有一條。

價位 ｜1,080円
購買 ｜ 青森縣立美術館

DAY 2

奧州秘境，美麗大自然景色

總行車時數 **140分鐘**

🚗 ➡ ① 📷 ➡ 🥿 ➡ ② 📷 ➡ 🚗 ➡ ③ 📷 ➡ 🚗

20分鐘　黑石小見世街道　徒步　鳴海酒造　40分鐘　八甲田纜車　50分鐘

住宿 🏮 ⬅ ⑤ 📷 ⬅ 🚗 ⬅ ④ 📷 ⬅↩

十和田湖溫泉　　十和田湖　30分鐘　奧入瀨溪流

① 黑石小見世街道
日式感覺滿點的街道
宛如京都街道的老街，像是穿越時光一樣。來這散散步，感受歷史的痕跡。

② 鳴海酒造
品嘗稀有美酒的好地方
有200年歷史的釀酒廠，可免費參觀釀酒過程，還可試飲。房子本身也是古蹟，有個漂亮的庭園。

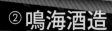

③八甲田ロープウェー
(八甲田纜車)

纜車上山賞奇景

山上有多條森林步道，
春夏可以來散步，秋
季可賞楓，冬季可以滑
雪、欣賞樹冰奇景。

④奧入瀨溪流 漫步森林中的沁涼感受

長14公里的森林溪流，近距離感受大自然魅力，是健行勝
地。有好幾處壯觀瀑布，可找適當地點，路邊停車觀賞。

⑤十和田湖 浪漫唯美的湖畔風情

東北最美的湖泊，四季皆有不同風情，開車去的話，
推薦環湖(需時**60**分)兜風，幾處觀景台都非常美麗。

DATA

● **黑石小見世街道**
　青森県黑石市大字中町5
　0172-59-2080
　MC 71 207 870*61
　08:00～18:00／P有(免費)
　三味線演奏11:00～14:00

● **鳴海酒造**
　青森県黑石市中町1-1
　0172-52-3321
　MC 71 207 870*61
　08:00～17:00
　(12～3月不開放工廠參觀)
　P有(免費)

● **八甲田ロープウェー**
　(八甲田纜車)
　青森県青森市荒川字寒水沢1-12
　017-738-0343
　MC 99 055 307*21
　09:00～16:20／P有(免費)
　纜車來回1,850円

● **奧入瀨溪流**
　青森県十和田市奧瀬字栃久保183
　MC 612 671 110*85
　P無(路邊停車)

● **十和田湖**
　青森県十和田市奧瀬•ㅣ和田湖畔休
　屋486
　0176-75-2425
　MC 612 303 871*74
　P有(免費)

DAY 3

熱鬧港町與海岸線兜風

總行車時數 **175分鐘**

🚗 →70分鐘→ 📷① 十和田市現代美術館 →40分鐘→ 🚗 → 🏠② 八食中心 →25分鐘→ 🚗 → 📷③ 蕪島 →15分鐘→ 🚗

住宿 本八戶 ← 🏠⑤ 彌勒橫丁 ← 🚗 →25分鐘→ 📷④ 種差海岸

① 十和田市現代美術館
高度反差的鄉下與現代藝術

展示當代藝術品,網羅來自世界各地的藝術作品。在鄉下欣賞現代藝術,這種反差也是一種驚喜。

② 八食センター (八食中心)
現烤生猛海鮮的豪邁

市場附設烤肉區(七厘村),可直接碳烤市場所購買的食材,如果跟商家說就會把食材處理,方便我們直接上架火烤。

③ 蕪島 海鳥大軍襲來，大家小心！

春季來產卵的海鷗，成千上萬聚集在蕪島神社孵蛋，數量之多令人歎為觀止。

④ 種差海岸
以復興為主題的國立公園

有岩岸也有沙灘的特殊景觀，適合兜風邊走邊玩，很多景點可下車拍照。

⑤ 八戶屋台村みろく橫丁 (彌勒橫丁)
充滿復古風情的夜晚

小店各有特色，一個晚上能吃幾間呢？

DATA

● **十和田市現代美術館**
　青森縣十和田市西二番町10-9
　0176-20-1127
　MC 215 115 315*36
　09:00～17:00
　週一公休
　門票500
　P有(免費)

● **八食センター(八食中心)**
　八戶市河原木字神才22-2
　0178-28-9311
　MC 84 084 773*82
　09:00～18:00
　週三公休
　P有(免費)

● **蕪島**
　青森縣八戶市鮫町字鮫56
　0178-34-2730
　MC 346 742 251*76
　P有(免費)

● **種差海岸**
　青森縣八戶市鮫町
　0178-46-4040
　MC 346 628 643*84
　P有(免費)

● **八戶屋台村みろく橫丁**
　(彌勒橫丁)
　青森縣八戶市三日町25～六日町10
　0178-29-0815
　MC 84 029 729*57

DAY 4

八戶市場好滋味，踏上歸途好幸福

總行車時數 120分鐘

🚗➡️ ① 📷 陸奧湊市場 ➡️ ② 🏠 湊食堂 ➡️ 🚙 110分鐘 ➡️ 📷 青森車站前還車 ➡️ 👣 徒步 ➡️ ③ 🏠 帆立小屋
10分鐘

青森車站
(踏上歸途或
前往下個目的地) 📷 ⬅️ 👣 徒步 ⬅️ ⑤ 📷 津輕海峽冬景色歌碑 ⬅️ 👣 徒步 ⬅️ 📷 ④ A-FACTORY ⬅️ 👣 徒步

① 陸奧湊市場
感受小鎮市場的生活

小車站前是個傳統市場，可在這感受
居民平日的生活，也可以買些市場才有
看到的魚產品。

② みなと食堂(湊食堂)
漁夫也愛吃的平價海鮮丼

只在白天營業的食堂，客人多為漁夫
跟市場工作人員。平價美味，大推薦
「平目漬丼(醬醃比目魚丼)」。

DATA

● 陸奥湊駅
青森縣八戶市大字湊町字久
保44
MC 346 678 442*68

● みなと食堂(湊食堂)
青森縣八戶市大字湊町字久
保45-1
0178-35-2295
MC 346 678 507*86
06:00～15:00／週日公休
P有(免費)

● 帆立小屋
青森縣青森市安方1-3-2青
森ビル1F
017-752-9454
MC 99 583 170*63
10:00～22:00／無公休
P無

● A-FACTORY
青森縣青森市柳川1-4-2
017-752-1890
MC 99 583 289*53
09:00～20:00
P有(免費)

● 津輕海峽冬景色歌碑
青森縣青森市柳川1丁目
MC 99 583 535*68

③ 帆立小屋
自己釣的干貝最好吃
可以挑戰釣干貝的遊戲，釣
多少就能吃多少，是干貝料
理為主的餐廳。

④ A-FACTORY
購買在地農產的好地方
介紹青森在地物產的超級市場，土產、農產加工品、果汁
等都可一次購足，比機場賣的名產更加推薦。

⑤ 津輕海峽冬景色歌碑
演歌歌迷必訪聖地
石川小百合成名曲「津輕海峽冬景色」歌碑，
只要按鈕就會演唱，在青森聽別有一番風味。

隱藏版景點 好評加映！

第一天也可住這

青荷溫泉
遠離城市的山谷祕境

沒有電，只用油燈照明的旅館。位置隱密，連手機都收不到。若厭倦了塵世的喧囂，可來這享受鄉間的寧靜。(第一天也可住這)

第二天順遊

蔦溫泉
百年歷史的溫泉旅館

800多年前就有人在此地泡溫泉，約100年前建立旅館。入浴在擁有悠久歷史的浴池，消除旅途疲勞。

獨立景點

釜臥山展望台
夜晚飛舞的鳳蝶夜景

位於下北半島的奧州市，晚上可看到如同鳳蝶飛舞的美麗夜景。

獨立景點

大間崎
本州最北之地

位於本州島最北的地方，此地以黑鮪魚著名，並有販售很多鮪魚相關土產，有渡輪可達函館。

獨立景點

大間浜寿司
入口即化的美味黑鮪魚

傳統「一本釣」所釣的黑鮪魚，是一生要吃一次的人間極品，黑鮪魚肚的美麗油花，會讓人誤以為那是霜降牛肉。

岩木山神社
花期很長的櫻花景點

很有名的櫻花景點。

冬季活動

十和田湖冬季物語
屬於浪漫戀人的冬季祭典

冬季十和田湖舉辦的祭典，有冰屋、冰吧、冰上足湯，還有每日施放的煙火秀。冬季不可錯過。

DATA

● 青荷溫泉
青森縣黑石市沖浦青荷澤滝／上1-7
0172-54-8588／P有(免費)
MC 323 867 208*13

● 蔦溫泉
青森縣十和田市奧瀬蔦野湯1
0176-74-2311
MC 704 354 264*81
P有(免費)

● 釜臥山展望台
青森縣むつ市大湊字釜臥山1
0175-22-1111
MC 629 419 475*37
P有(免費)

● 大間崎
青森縣下北郡大間町大字大間字大間平
0175-37-2111
MC 580 769 239*30
P有(免費)

● 大間浜寿司
青森縣下北郡大間町大字大間字大間69-3
0175-37-2739
MC 580 709 097*35
11:30～13:30、17:30～22:00
不定期公休／P有(免費)

● 岩木山神社
青森縣弘前市大字百沢字寺沢27
0172-83-2135
MC 492 146 249*71／P有(免費)

● 十和田湖冬物語
青森縣十和田市奧瀬十和田湖畔休屋486
0176-75-2425
MC 612 332 117*50
P有(免費)
每年2月～3月初

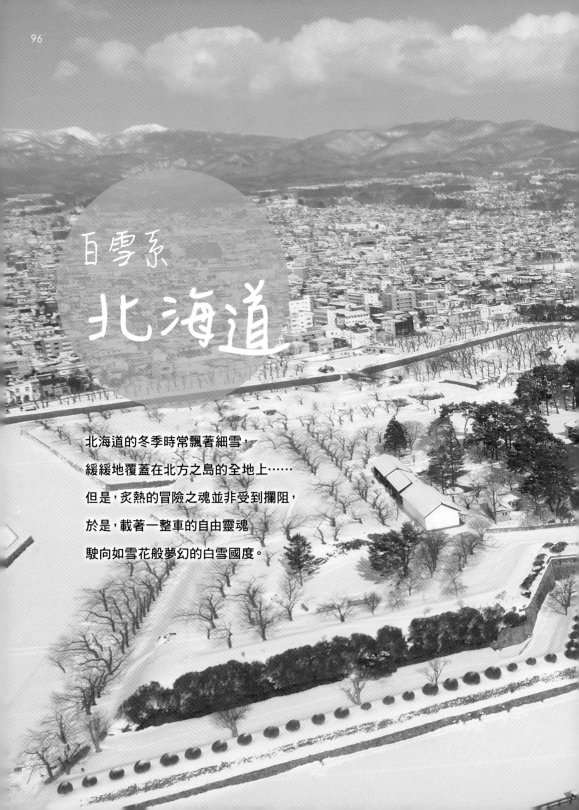

白雪系
北海道

北海道的冬季時常飄著細雪，
緩緩地覆蓋在北方之島的全地上……
但是，炙熱的冒險之魂並非受到攔阻，
於是，載著一整車的自由靈魂
駛向如雪花般夢幻的白雪國度。

白雪系
北海道4天行

｜路線難易度｜ 初心者1 ★☆☆

　　北方大陸「北海道」一直都是自駕遊的人氣區域，跟九州、沖繩的景點很近，不過，北海道的自駕遊比較偏向「開車兜風」本身的樂趣，有點類似美國公路電影所呈現的那種味道，行程雖然很遠，但沿途可以一直欣賞到美好的風景，跟夥伴在自駕途中嬉笑聊天，便是這種Road Trip中的醍醐味！

　　廣大的芝櫻是北海道的一大特色，每年5、6月是芝櫻的最盛期，也是北海道觀光客相對比較少的時期。利用淡季來一趟，享受不一樣的北海道風情。

有時候路邊經過的油菜花田就美到不行，自駕旅行讓人一次就上癮

在北海道就是要每天都來一支冰淇淋，有時候會吃到意想不到的口味，特別美味(圖為紅蘿蔔與牛奶的綜合口味)

線上地圖 focus!

北海道溫泉旅館常常豪邁地提供海鮮，滿滿的鮭魚卵一點也不稀奇

goo.gl/UiiTpG

DAY 1

總行車時數 85分鐘

富良野自駕趣，享受森林芬多精

旭川出發 → 🚗 45分鐘 → ① 📷 四季彩之丘 → 🚗 30分鐘 → ② 🏠 唯我獨尊 → 🚗 10分鐘 → ③ 🏠 ニングルテラス

住宿 富良野 🏢 ← 👣 徒步 ← ④ 🏠 森之時計 ← 👣 徒步 ←

① 四季彩之丘

愛羊駝好療癒

北海道看花海的聖地，就算不是花期，也可以到隔壁的小牧場看可愛的羊駝。

② 唯我獨尊

講究的在地食材

富良野非常有名的咖哩專門店，特別講究以在地食材製作，口味非常優秀，很值得一吃。

③ ニングルテラス (森林精靈露台)

豐富的雕飾藝作

富良野王子飯店經營的特色商店區，有木雕、皮雕、銀飾等等藝品可以選購。

④ 森之時計

日劇迷必訪景點

因日劇《溫柔時光》拍攝需求而蓋的木屋館，拍攝結束之後，真的變成有對外營業的咖啡館。可以邊欣賞森林、邊享受下午的寧靜時光。

DATA

● **四季彩之丘**
北海道上川郡美瑛町新星第三
0166-95-2758
MC 349 701 156*27
08:30～18:00
週四公休／P有(免費)

● **唯我獨尊**
北海道富良野市日の出町11-8
0167-23-4784
MC 349 032 065*44
11:00～21:00
無公休／P有(免費)

● **ニングルテラス**
(森林精靈露台)
北海道富良野市中御料
MC 919 553 426*21
12:00～20:45／P有(免費)

● **珈琲森の時計**
北海道富良野市中御料
0167-22-1111
MC 919 553 437*451
12:00～20:45
週一、週二公休／P有(免費)

DAY 2

青池祕境美景，悠閒午後森林浴

總行車時數 **120分鐘**

🚗 → ① 📷 青池 → 🚗 5分鐘 → ② 📷 白ひげの滝 → 🚗 10分鐘 → ③ 📷 十勝岳展望台 → 🚗 25分鐘

45分鐘

🚗 5分鐘 ← ⑥ 📷 ケンとメリーの木 ← 🚗 15分鐘 ← ⑤ 🏠 PICNIC ← 🚗 10分鐘 ← ④ 🏠 Cafe de La Paix

↳ ⑦ 📷 北西之丘展望公園 → 🚗 5分鐘 → 🏨 住宿 美瑛

① 青池
不可錯過的夢幻湖景

含有鋁離子的水，混合河水而呈現青色的湖面，因其夢幻的景色聲名大噪，近年已成為自駕遊旅客必訪的觀光勝地。

② 白ひげの滝
(白鬍子瀑布)

舒心的瀑布景觀

美瑛地區另一個名勝，透白的瀑布搭配湛藍的河水，呈現美麗的對比。

③ 十勝岳展望台
欣賞壯闊斑斕的山景
可以欣賞美麗的十勝岳連峰的展望台，5月去的話還
有冠雪，看起來非常美。

④ Cafe de La Paix
帶著愛的精緻美食
老闆夫婦因為太喜歡美瑛而搬來，這裡是他們
自己動手蓋的森林小木屋，提供瑞士起司盤、綠
咖哩等特色料理。

⑤ PICNIC
露天座位，與大自然融為一體
田邊的美麗咖啡館，以麵包為主的餐點，
還有露天座位，特別推薦！

DATA

● **青池**
北海道上川郡美瑛町字白金
0166-92-4378
MC 349 569 813*62
P有(免費)

● **白ひげの滝(白鬍子瀑布)**
北海道上川郡 美瑛町白金
0166-92-4321
MC 796 182 604*75
P有(免費)

● **十勝岳展望台**
MC 796 093 373
P有(免費)

● **Cafe de La Paix**
北海道上川郡美瑛町字美沢希
望19線
0166-92-3489
MC 349 709 049*53
10:00～18:00
週四公休
P有(免費)

● **PICNIC**
北海道上川郡美瑛町字美沢共生
0166-92-5919
MC 349 768 267*15
11:00～17:00
週四公休
P有(免費)

● **ケンとメリーの木**
(Ken與Mary的樹)
北海道上川郡美瑛町字大村大
久保
MC 389 071 519*30
P有(免費)

● **北西之丘展望公園**
北海道上川郡美瑛町字大村大
久保協生
0166-92-4445
MC 389 070 256*06
P有(免費)

⑥ ケンとメリーの木
の木
(Ken與Mary的樹)

知名的拍照景點
曾是日本汽車廣告的拍攝
地點，之後就變成觀光客拍
照的好地方。

⑦ 北西之丘展望公園
視野無阻，美景盡收眼底
金字塔型展望台，可以看到大雪山連峰及美瑛景色的地方。

DAY3

旭山粉紅大地，一整天都療癒

總行車時數190分鐘

35分鐘 → ① 旭山動物園 → 5分鐘 → ② 小野木 → 110分鐘 → ③ 芝ざくら滝上公園 → 40分鐘 → 住宿紋別

---

① 旭山動物園 賣萌系動物都在這裡

日本最好玩的動物園之一，海豹、企鵝、北極熊是最大的看點！

② 小野木

雞肉創意料理

旭川有名的雞肉料理餐廳，可以在和室中享用炸雞、烤雞等多種雞肉風味餐。

③芝ざくら滝上公園
(瀧上芝櫻公園)

徜徉粉紅系浪漫花海
可以欣賞整片的芝櫻花海，粉紅色地毯看起來非常地療癒。

DATA

● **旭山動物園**
北海道旭川市東旭川町倉沼
0166-36-1104
MC 79 358 841*81
10:30～17:00(冬天只到15:30)
P有(免費)

● **小野木**
北海道旭川市東旭川北1条6
0166-36-1146
MC 79 383 199*71
11:00～22:00
週二公休
P有(免費)

● **芝ざくら滝上公園**
(瀧上芝櫻公園)
北海道紋別郡滝上町元町北海道紋別郡滝上町元町
0158-29-2730
MC 570 699 440*83
10:00～18:00
P有(免費)

● **紋別市**
MC 401 358 545*33

④ 紋別
現撈螃蟹大快朵頤
這裡是螃蟹的產區，全部的飯店都有提供現撈的螃蟹餐點，價格實惠。

DAY 4

螃蟹大螯合照樂，滿載而歸繼續玩

總行車時數185分鐘

🚗 → ① 📷✨ → 🚗 → ② 📷✨ → 🚗 → 回旭川繼續
5分鐘　　カニの爪　　120分鐘　　冰之美術館　　60分鐘　　下個行程

① カニの爪 (螃蟹大螯)

巨大蟹螯當然要合影留念

在紋別海邊的巨大蟹螯，很適合拍攝到此一遊的照片。

② アイスパビリオン (冰之美術館)

挑戰極凍遊樂園

一年四季都可以感受零下41度環境的主題樂園，用結冰香蕉打釘子的體驗非常特別！

DATA

● **カニの爪(螃蟹大螯)**
 801 585 052*71
P有(免費)

● **アイスパビリオン**
(冰之美術館)
北海道上川郡上川町栄町40
01658-2-2233
🅼🅲 623 630 207*60
08:30〜17:30／P有(免費)

白雪系
道東雪祭3天行

|路線難易度| 上級者3 ★ ★ ★

　　冬季的北海道,是被冰封的雪國,話雖如此,對於不會下雪的台灣來説,還是非常有吸引力的新鮮體驗。雪地自駕當然需要雪胎,若能把行程安排鬆一點,不趕時間慢慢走,冬季自駕將給你滿滿的新鮮體驗!

隨便找一間牧場賣的冰淇淋,比台灣吃到的任何一支都好吃

雪地自駕一定要特別注意安全,任何急促的動作都很危險,一定要避免

一個晚上的雪就可能讓車子半埋在雪堆裡,如果可以,盡可能找室內的停車場會比較好

線上地圖 focus!

goo.gl/yjyO0x

DAY 1

用釧路海鮮醒腦，阿寒雪祭新奇體驗

總行車時數 90分鐘

釧路出發 → 10分鐘 → ① 鮭番屋 → 25分鐘 → ② 釧路市丹頂鶴自然公園 → 50分鐘 → ③ Pan De Pan

住宿 阿寒湖溫泉 ← 徒步 ← ⑤ 阿寒湖冰上祭典 ← 徒步 ← ④ 阿寒湖愛奴村 ← 5分鐘

① 鮭番屋
大干貝一口接一口

可以選擇新鮮海鮮，然後現烤來吃的餐廳，大干貝一顆只要500日圓，便宜又超好吃！

② 釧路市丹頂鶴自然公園
野生丹頂鶴免費表演

每天會按時放食物，供給野生的丹頂鶴吃，運氣好的話可以看到丹頂鶴的求偶舞。

③ Pan De Pan
超搶手人氣麵包店

阿寒湖畔超人氣的麵包店，大部分的麵包都會在15:00左右全部賣完，光是簡單的吐司就比一般店家好吃很多。

DATA

● **鮭番屋**
北海道釧路市浜町4-11
0154-25-0503
MC 149 283 208*22
08:00〜17:00
無公休
P有(免費)

● **釧路市丹頂鶴自然公園**
北海道釧路市鶴丘9-112
0154-56-2219
MC 630 504 571*73
08:30〜17:30／P有(免費)

● **北海道上川郡上川町栄町40**
01658-2-2233
MC 623 630 207*60
08:30〜17:30
P有(免費)

● **Pan De Pan**
北海道釧路市阿寒町阿寒湖溫泉1
丁目6-6
0154-67-4188
MC 739 342 609*45
08:30〜18:30
無公休／P無

● **阿寒湖アイヌコタン**
(阿寒湖愛奴村)
北海道釧路市阿寒町阿寒湖溫泉4
丁目7-19
0154-67-2727
MC 739 341 668*65
10:00〜22:00
P有(免費)

● **阿寒湖溫泉**
MC 739 342 547*32

④ 阿寒湖愛奴村
認識北海道原住民文化
大大小小共30間藝品店、餐飲店彙集的小村子,也能看到北海道原住民愛奴族的生活方式及表演。

⑤ 阿寒湖冰上祭典
體驗冰湖祭典活動
冬季會在結冰的阿寒湖面上舉辦祭典,除了有表演跟煙火可以看之外,還可以體驗怎麼拿鋸子鋸冰塊。

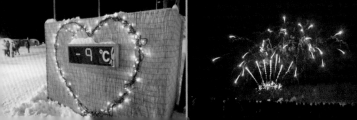

DAY 2

漫步在結冰湖面，享受前所未有體驗

110分鐘 → ① 糠平湖 → ② タウシュベツ展望台 → 30分鐘 → ③ トカトカ → 45分鐘 → ④ 然別湖冰上村

住宿 然別湖溫泉 ← ⑤ 冰BAR ← 徒步

① 糠平湖冰上漫步

冰上漫步刺激又好玩

冬季完全結冰的糠平湖，可以在湖面上走路，可體驗前所未有的健行路線！

② タウシュベツ展望台
(糠平橋展望台)

難得一見的時代感舊陸橋

只有在冬季才會露出來的舊陸橋，有個展望台可從遠處眺望它的英姿。

③ トカトカ (TOKATOKA)

地點很方便的美味餐廳

位於國道上，裝潢很美的麵包店，還有依照克數販售的牛排，便宜又好吃。

④ 然別湖冰上村
歡迎來到冰之國度

每年在結冰的然別湖上,會設置許多冰屋供遊客住宿,
還有冰教堂、冰迷宮、冰上摩托車體驗。

⑤ 冰BAR
來一杯冰杯調酒吧

冰屋裡面可以用冰杯喝調
酒,記得要戴手套,不然杯
子可能會黏在手上了!

DATA

● **タウシュベツ展望台**
  (糠平橋展望台)
  MC 679 546 748*06
  P有(免費)

● **トカトカ(TOKATOKA)**
  北海道河東郡上士幌町 字
  上士幌東2線221-18
  01564-2-5004
  MC 424 799 110*84
  10:00～18:00
  週三公休
  P有(免費)

DAY 3

總行車時數 70分鐘

然別湖冰上泡湯,帶廣豬肉丼超美味

65分鐘 → ① 然別湖冰上溫泉 → 65分鐘 → ② 六花亭 帶廣本店 → 5分鐘 → ③ 炭燒豚どんのぶた八

繼續下個行程

① 然別湖冰上溫泉

冰雪下泡湯更有感

在結冰湖面設置了大型露天浴池,可享受冰天雪地下泡湯的暢快。

② 六花亭 帶廣本店

應有盡有的伴手禮名店

知名北海道伴手禮店的本店,商品選擇很多,也有專門的內用區,滿5,000円還可以免稅購買!

③ 炭燒豚どんのぶた八(碳燒豚丼豚八)

吮指的醬燒豬肉丼

可以吃到帶廣B級美食的豬肉丼飯,鹹甜醬汁調配得恰到好處,吃完會很懷念的美味!

DATA

● **然別湖**
MC 702 388 391*21

● **六花亭 帶廣本店**
北海道帶広市西2条南9丁目6
0155-24-6666
MC 124 624 352*76
09:00～19:00
無公休／P有(免費)

● **炭燒豚どんのぶた八**
(碳燒豚丼豚八)
北海道帶広市東2条南7-1-2
0155-23-2911
MC 124 625 641*73
11:00～21:00
無公休／P有(免費)

Prepare
出發前的準備

懷著對日本島國的期待，開始計畫一次自駕小旅行，
帶著冒險之魂，前往大眾交通工具到不了的夢幻之地，
遇見意想不到的新鮮事物，藉著出發前的充分準備，
把腦海中的異想國度化為可以實現的未來之景。

租車學校授課室

租車方法、類型、費用大瞭解

在日本租車，你可以選擇

1 旅遊網站預約　　**2** 租車網站預約　　**3** 與航空的搭配方案

4 台灣旅行社代辦　　**5** 直接到日本租車

1. 旅遊網站預約

目前日本較大的租車網站有JALAN、樂天旅遊、TOCOO等，從這些入口網站來預約，好處是常常會有優惠方案，且可以多家租車公司來進行比價。如果沒有特別指定租車公司，就從這邊來預約就可以了。預訂車子不一定要加入網站的會員，但建議還是加入，可以累積點數，且優惠比較多。但有一點必須注意，旅遊網站通常是每天有一定的配給量，所以很容易就沒有車子了，但其實該租車公司說不定還有車，只是配給旅遊網站的部分已經租出去了。所以如果旅遊網站沒車，還可以去租車公司的網站碰碰運氣。

2. 租車公司預約

有大型租車公司如TOYOTA、TIMES、NISSAN、ORIX等，還有廉價租車公司如100円、NICONICO、ONES等租車公司。他們的網頁都有提供租車預訂服務，大型租車公司會跟旅遊網站一樣，是全自動化的，所以不需要會日文，也不一定要加入會員。至於廉價租車公司，常常需要以Mail聯繫跟確認租車，基本上需要日文能力。從租車公司官網預約車子，其實不一定會比較便宜，只是因為車子比較齊全，且每個營業站都可以讓你「甲地借，乙地還」，針對行程比較特殊，或者要去比較鄉下地區的旅行者，就只能以這方式來預約。

3. 與航空的搭配方案

華航的精緻旅遊有機+酒+租車的方案，如果自己並不熟悉如何預約租車，就可以選擇這種方式，好處就是比較省事，一次幫你搞定，且不需要會日文。但缺點是除了沖繩是固定有這種方案之外，並非所有縣都有車可以租，詳情還是要上華航網站去查詢。

4. 台灣旅行社代辦

台灣旅行社很多也都有提供租車的代辦服務，可以省去不少麻煩，只不過就是價位比較高，也不太能細部要求，而且因為沒有即時連線，變成需要手動填單，再由客服進行聯絡，一來一往也是相當的花費時間。如果不想研究如何自己訂車，就可以使用這個方式。

5. 直接到日本租車

就算是沒有事先預約，也是可以去櫃檯直接問問看有沒有車子可以出租，通常大台的車子比較容易先被租完，但如果是輕型車輛、小車或是電動車，都還有機會可以租到。如果臨時想租車，也是可以問問看。但如果是暑假、櫻花、紅葉等旺季，就建議一定要事先預約。

租車類型

> 日本租到的車子，可以分成以下種類唷！

小客車　開著小車輕鬆上路

輕型車：指660cc以下的小客車，是黃色的車牌，就算排氣量不大，也還是可以上高速公路的，而且還超級省油，所以如果只有兩人的話，我還蠻推薦租輕型車。

黃色車牌的是輕型自動車唷！

小車，勉強可載4人加3個登機箱

小車：像是TOYOTA的YARIS，或是HONDA的FIT那種車子。排氣量大致上是1,400cc～1,600cc左右，爬坡時會比輕型車來的有力，就算4個人也還OK，但車內空間還是比較小一點、行李也裝不太多。

普通車：就像我們台灣一般開的房車，座位跟行李空間會比較人一點。如果覺得小車的空間還是不夠大，想要寬敞一點，就可以考慮這類的車子，但因為價格可能能跟小型的廂型車差不多，所以我不是很推薦此車型。

高級車：像是載重要客人用的黑頭車，或是想嘗試一下過彎快感的跑車，都屬於這個類型。如果想去日本圓一下「頭文字D」的夢，就可以考慮租幾個小時或一天來過過癮，但不是每個營業所都有這類型的車子，一定要確認一下想去的區域有沒有此類車子。

休旅車　5人以上必備

休旅車、廂型車：台灣也很流行的休旅車類型，加上日本流行的廂型車，通常是7～8人座的車款，而且座椅也可以依照需求做些微的挪動，所以使用的場面很多。就算是有4個人但行李較多，還是應該租這個類型的車比較妥當。而如果人數在5人以上，就必須租這類車款。

8人座的廂型車

環保車　省油大作戰

油電車：這種車型當然最大的優勢就是比較省油，不過我們只開幾天，這個省油的優勢還看不太出來，如果是想要體驗看看，倒是不妨租一次看看。

電動車：跟油電車不同的是，電動車完全不吃汽油，當然好處是不需要油錢，只是相對的變成需要充電站，日本已經慢慢有在重要景點架設充電站，比較大的旅館也基本上都有提供，但畢竟還沒有像加油站那麼普及，所以如果想租電動車的話，事先要做非常多的功課以及聯絡才行。

其他車款　想體驗不一樣的嗎？

中型客車：指10人座以上的車款，在日本雖然持有「普通免許」就可以租借10人座的廂型車，但針對海外人士，要有大客車的執照才可以租借。

小型巴士：如果持有台灣大客車執照，我們也可以在日本租借10～15人座的小型巴士。這通常無法使用網路預定，需要直接打電話去租車公司，才能進行預約手續。

福祉車輛：有點類似復康巴士的車子，通常是以廂型車或房車進行改造，包含座位可以升降，或者後車廂可以停一台輪椅等等類型，款式種類有很多種，詳細可去各大租車網站查看相關訊息。這類車款無法使用網路預定，需要直接打電話去租車公司，才能進行預約手續。

Tips

還有其他種類的租車公司喲

除了提供一般車輛的租車公司之外，日本還有提供租借腳踏車、摩托車、重型機車、露營車、巴士的租車公司，但因為大部分都是獨立經營且數量實在很多，沒辦法在此一一介紹。如果有興趣的話，可以在網路上搜尋看看。雖然很多公司其實不太願意租給外國人，但如果你會日語的話，用誠心去溝通，都是有機會的。

租車費用

分成兩部分

1 租金(含保險費)
2 選配費用(免責補償或配件)

租金要如何計算呢?

　　這是「NIPPON租車公司」輕型車的價位,如果當日就歸還的話,有分為6小時跟12小時兩個價位。若是要過夜的話,則是以24小時為一天來計算,第一天會稍貴一點,第二天之後就比較便宜。以第二天之後的價位來說,只要逾時6個小時就比租一天貴了,所以規畫行程的時候,還是盡量以一天為單位。

輕型車費用(日圓)

當日(6H)	5,670
當日(12H)	5,670
一日(24H)	7,035
第2日起	5,985
逾時1H	1,155

(資料取自NIPPON 租車公司網站)

Tips

還車小遲到,
先電話通知!

通常租車公司都是晚上8點關門, 不需要趕著8點去還車,隔天早上8點還車,價格通常也是一樣的。如果第一天是下午2點借,就是下午2點還就可以了。超過2點才還車的話,雖然理論上是會有追加費用,但如果事先打電話通知說會稍微遲到,通常1小時左右都不會計較的。

大部分租車公司的營業時間都是早上8點~晚上8點　也有少數開比較晚的租車公司

直擊!旅遊網站租車

出國前就掌握最新資訊

優惠比價
好簡單

樂天旅遊　網址 travel.rakuten.co.jp/cars

　　樂天旅遊總是提供很多優惠方案可以選擇,所以可以先從樂天這邊找車,如果這邊沒有想要的車型,再來考慮其他網站,或到官網訂車。另外如果有加入網路的會員,租車會有還原點數,基本上就是總價的1%,可以當做下次租車時的還原金,但有時候某些方案會是總價的10%,但通常總價就會貴一點,所以是要選擇即時的優惠,還是下次的優惠,就看各位自己的考慮了。

STEP 1 選擇租車日期

時間竟然以24小時為單位!若要甲地借乙地還,就選其他地方。各條件選好後按「檢索」。

❶ 從日期尋找
❷ 預計租借時間
❸ 借出、換車時間
❹ 輸入完點選檢索

STEP 2 選擇車款

選擇想要的車型,再點選「再檢索」。

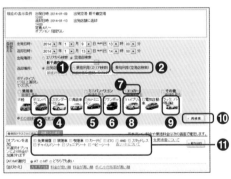

❶ 甲地借乙地還(按地區尋找)
❷ 甲地借乙地還(按機場尋找)
❸ 小車　❹ 房車　❺ 休旅車　❻ 箱型車
❼ 環保車　❽ 油電車　❾ 貨車、摩托車等
❿ 變更後點選「再檢索」
⓫ 各種選配項目

STEP 3 選擇價位方案

選擇想要的方案，可以從公司及價位來選擇，特別便宜的可能就是廉價租車公司，決定後點選「預約」。

- ❶ 交通方式
- ❷ 車型等級
- ❸ 優惠方案名稱

STEP 4 預約試算

點選想要的配件後，點選最下面的「次の画面へ進む」。

- ❶ 導航　❷ 兒童座椅　❸ 幼兒座椅
- ❹ 嬰兒座椅　❺ 雪胎
- ❻ 免責補償(預設加入)　❼ 總費用
- ❽ 下一步

STEP 5 預約確認

有會員的話利用左下框框登入會員訂車，如果不想加入會員，可用右下方的框框繼續訂車。

- ❶ 登入會員　❷ 不加入會員預約

STEP 6 駕駛資訊輸入

填好駕駛資料之後，到最下面點「次の画面へ進む」。

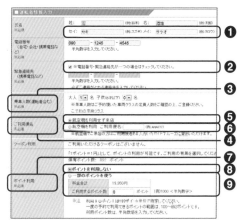

- ❶ 姓名拼音(片假名)　❷ 打勾同上
- ❸ 搭乘人數(含駕駛)　❹ 搭乘班機
- ❺ 沒有搭乘班機　❻ 班機班次
- ❼ 使用點數　❽ 不使用　❾ 使用

STEP 7 最終確認Mail

都沒問題的話，點選「この内容で予約」就完成預定，之後請到信箱收確認信。收到此信的話，就完成預約了。上面的「預約番號」，就是到時候要告訴租車櫃檯的編號。

JALAN網站

網址 www.ones-rent.com

> 還原金可和訂房共用唷～

如果樂天沒有想要的車子，就可以來JALAN找找看，他們兩家網站所配合的租車公司不盡相同，因此都可以比較看看。JALAN一定要加入會員才能訂車，所以還需要這個手續。JALAN也有提供還原點數，此點數可以跟訂房的部分共用。

加入JALAN會員

STEP 1 登錄會員

點選「新規会員登録へ」。

點此加入會員

STEP 2 加入會員

填入信箱地址後，點選最下面的「上記に同意して次へ」。

会員登録

登録料・利用料・年会費はすべて無料！登録後すぐに会員サービスが受けられます。
ご利用するメールアドレスを入力してください。（このメールアドレスが、会員IDとなります。）
リクルートID規約・プライバシーポリシーをお読みの上、「次へ」ボタンへお進みください。
記入したメールアドレス宛に確認メールが届きます。
メール受信制限をされている方は point.recruit.co.jp からのメール受信を許可してください。

会員ID（メールアドレス）	（例）xxxxx@jalan.jp

既にリクルートID〈旧じゃらん×ホットペッパーID〉お持ちの方はこちらからログインしてください。

輸入e-mail地址

STEP 3 到信箱收信

點選會員登入信的連結。

会員登録【リクルートID】
じゃらんnet <info1@jalan.net>
To 自分 ▼
1:31 (0分前)

日頃リクルートライフスタイルが運営する宿予約サービス「じゃらんnet」をご利用いただき、誠にありがとうございます。

このメールアドレスを、会員IDとして仮登録しました。
以下のURLにアクセスし、引き続き会員登録を続けて下さい。

https://www.jalan.net/jp/pc/jit2006.do?f=fn_url&k1=1j6pygsgn5

※24時間以内に会員登録まで完了しない場合、URLは無効になります。
※上記URLをクリックしても会員情報の入力画面が開かない場合は、URLをコピーし、ブラウザのアドレス欄にペースト（貼付け）して下さい。
※クリックは1回のみ有効です。途中で操作を止めた場合は...

請點擊此連結

STEP 4

輸入必要的內容後，點選畫面最下方「登録内容を確認する」。

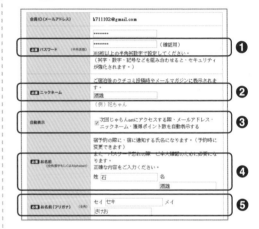

❶ 6碼以上密碼　❷ 暱稱
❸ 連結到網頁後，是否主動顯示會員暱稱、剩餘點數等資訊
❹ 住宿時姓名　❺ 姓名讀音(片假名)

STEP 5 會員確認

確認無誤後，點選「登録する」，這樣就成功加入會員了。

確認資料無誤之後，點選「登録」

JALAN租車

STEP 1 JALAN租車
選擇租車項目。

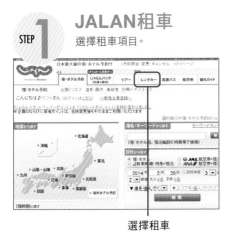

選擇租車

STEP 2 租車預約
從畫面左側框框輸入資訊，如果想要「甲地借乙地還」的話，「返卻場所」就選其他地方。車輛可以先不勾選，之後點選「檢索」。

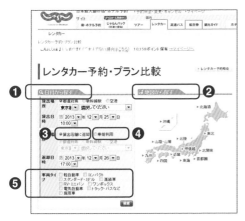

❶ 從日期搜尋
❷ 從地圖搜尋
❸ 還車到借出地
❹ 甲地借乙地還
❺ 車輛種類

STEP 3 搜尋結果
選擇想要的車型，再點選「再檢索」。

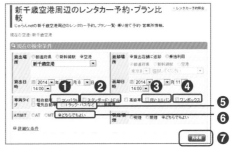

❶ 小車　❷ 一般房車　❸ 休旅車
❹ 廂型車　❺ 卡車、公車
❻ 皆可　❼ 再檢索

STEP 4 結果列表
選擇想要的方案，可以從公司及價位來選擇，特別便宜的可能就是廉價租車公司，選好點選「この店舖で予約する」。沒問題的話請點選「このプランで予約する」。

❶ 分店名稱　❷ 交通方式
❸ 點Map可看地圖　❹ 方案名稱
❺ 禁煙車輛　❻ 配備內容
❼ 看此店家其他方案
❽ 底下的資料無誤的話，可前往下一步

預約試算

STEP 5

點選想要的配件後，點選頁面最下面的「ログインして予約へ進む」。

❶ 確認店家的營業時間
❷ 店家注意事項，通常會提到有關接送的訊息
❸ 導航、ETC、雪胎、4WD在此方案為標準配備
❹ 其他配件可自由選擇
❺ 免責補償，預設為加入　❻ 最後總價
❼ 登入會員進行預約

登入會員

STEP 6

輸入帳號密碼，之後點選「ログイン」。

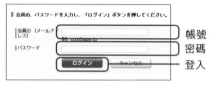

帳號
密碼
登入

駕駛資訊輸入

STEP 7

填好駕駛資料之後，到最下面點「次へ」。

❶ 輸入姓名漢字
❷ 輸入姓名拼音(片假名)
❸ 下一步

最終確認Mail

STEP 8

點選「この内容で予約する」，就完成預約，之後請到信箱收確認信。到此信的話，就完成預約了。上面的「預約番號」，就是到時候要告訴租車櫃檯的編號。

點下去才真正完成預約

TABIRAI租車公司

網址 www.tabirai.net/car

> 租不到車時來這看看吧

TABIRAI跟JALAN、樂天最不一樣的地方是，不靠期間限定的活動來促銷，而是採取全年同一價格的方式。基本上價位都滿便宜的，如果其他網站沒有促銷活動，通常不會比TABIRAI便宜。話雖如此，還是請大家多多比價，才能租到最便宜喔！

STEP 1 選擇想要租車的地區

STEP 2 選擇租車日期與租還車地點

❶ 租還車日期　❷ 租還車地點
❸ 車輛類型　❹ 車輛是否禁菸

STEP 3 選擇車款及預覽金額

❶ 顯示全部車輛　❷ 箱型車　❸ 環保車輛
❹ 租金所含內容　❺ 租金總價

STEP 4 選擇租還車分店、數量

❶ 選擇租車時間及地點
❷ 選擇還車時間及地點

STEP 5 選擇配件

各家配件內容可能略有不同。

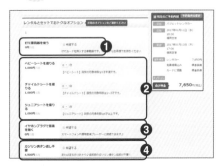

① ETC裝置　**②** 兒童座椅

③ 音響外接線

④ 免加油還車(並非各家都有)

STEP 6 點選下一步

下一步

STEP 7 輸入租車人資料

① 輸入漢字姓名　**②** 輸入片假名姓名

③ 輸入信箱位址　**④** 輸入電話號碼

⑤ 下一步

STEP 8 點選確認預約

確認預約

TABIRAI網站也有中文網站可使用

網頁呈現方式跟日文網站大同小異,但中文網站只顯示接受中文旅客預約的車輛,且經中文網站預約的話,保證提供有中文導航的車輛(這一點日文網站就不保證了)。雖然中文網站價格會比日文網站高一些,不過如果是日語完全不通的朋友,還是建議從中文網站預約比較好。

TABIRAI中文網站

goo.gl/8lFdux

大型租車公司網站

　　隨著外國人租車旅遊在日本漸漸普及，各家大型租車公司也紛紛推出多國語言網頁應對，其中當然也有繁體中文頁面。雖然並非所有公司都有中文員工可以應對，但起碼對總公司，都是可以用英文溝通的。對於不會日語的朋友，又更加放心了。介紹各租車公司的中文頁面，大家可以參考！

TOYOTA租車公司
網址　rent.toyota.co.jp/zh-tw/

NIPPON租車公司
網址　www.nrgroup-global.com/tw/

NISSAN租車公司
網址　nissan-rentacar.com/tc/

TIMES租車公司
網址　www.timescar-rental.hk/

BUDGET租車公司
網址　www.budgetrentacar.co.jp/zh/

官網租車可選車款，還可累積點數！

從官網租車通常會比在租車比價網站貴一點，但可以挑選自己特定想要的車款，也可以累積點數，如果有特別想要支持的店家，也可以從官網預訂哦！

ORIX租車公司

網址　car.orix.co.jp/tw/

OTS租車公司

網址　www.otsinternational.jp/
otsrentacar/cn/

廉價租車公司網站

　　以便宜為主打的廉價租車,由ONES租車公司領先業界,首先推出繁體中文網頁,而NICONICO租車公司則是推出英文網頁,如果想要省錢,且自己衡量可以承受相關風險的話,也是可以考慮廉價租車公司。但廉價租車公司就沒有外語人員可以應對,還是建議會一點日文比較好。

ONES租車公司

網址(中文)　www.ones-rent.com/tw/

ITSUMO租車公司

網址(僅日文)　www.itsumo-rent.com/

NICONICO租車公司

網址(英文)　www.niconicorentacar.jp/

VALUE租車公司

網址(僅日文)　www.value-rc.jp/

日本道路禮節

1 要路邊停車或倒車時，
請打雙黃燈。

2 高速公路發生塞車時，如果我們是車陣最後一台車，
請閃4次左右的雙黃燈來警告後方車輛。

3 單一車道時，如果前方車輛打方向燈並
靠左行駛，是要讓我們超車的意思。

4 夜晚行駛於郊區道路時，如果對向車
關掉大燈，是要讓我們先走的意思。

更多上路需知見P152

租車公司如何選？

租車公司
大剖析！

超級比一比 大型租車 vs 廉價租車

大型租車公司，目前還是日本租車業的主流，他們的特點就是服務好、車子新，以及據點多。如果想要來一趟「甲地借乙地還」的自駕遊，大型租車公司就會是好選擇。而日本還有一種以價格低廉為賣點，甚至低到大型租車公司的半價，這類型我們稱為「廉價租車公司」。在日文叫做「格安レンタカー」，用這個關鍵字下去搜尋的話，就能找到這些租車公司。乍看之下覺得真的很便宜、很划算，但會那麼便宜一定是有原因的。我們在選擇租車公司的時候，務必要多方考慮。

費用看清楚

也有可能完全沒有便宜到！

大型租車公司的費用通常是很清楚明瞭的，基本上除了收費的配件之外，都是通通包含在內的感覺。而廉價租車公司會把「感覺應該要包含在內」的服務，都設定個別的價位，然後根據需求來追加。例如說，導航要加錢，機場接送要加錢，雪胎特別貴，又或者「甲地借乙地還」費用比較貴等等，萬一沒有算仔細，也可能完全沒有便宜到，不得不當心。

車子的年分

中古車發生故障的機率比較高！

大型租車公司所提供的車子，雖然不會是新車，但至少不會太舊款，甚至會有行車總公里數少於2萬公里的車子。但是廉價租車公司的話，就很不一定，有車況比較好的車，但也有可能租到10年左右的老車，甚至有的公司就是標榜二手車，整理之後拿來當租車使用。以節能方面來說，新車一定比較省油，尤其是廂型車，跑長途的話一定會有差。另外長途行駛時，中古車發生故障的機率就會比較高，這一點可能也需要考慮進去。

車子的電子裝置

配備這車子等級和年分有關！

年分比較新，且等級比較高的車子，可能會搭載先進的電子裝置，如倒車攝影機、車上插座、怠速熄火系統、電動門。

酒雄の豆知識

車子太新反而不會操作

太糗了！

有時候車子太新也不見得是好事，我曾在大型租車公司，租到「不需要轉鑰匙」就能發動的車子，那是我第一次開那麼先進的車子。在租車公司時是工作人員幫我發車的，所以當時不知道要把智能鑰匙放在固定位置才能發車，搞得我結束第一個行程要出發時，發現自己不會發車，還很遜的打電話回租車公司詢問，真是糗死了。

各種電子裝置按鈕

智慧型鑰匙的車款

怠速熄火系統　電子穩定系統　開啟側門　側門動力開關

導航系統的新舊
新的用起來就是比較順手！

新一點的導航系統，基本上都是很靈敏的觸碰螢幕，搭配很好按的按鍵，操作很順手。比較舊的導航，甚至也有非觸碰式螢幕，全部用一根搖桿來選擇，操作上相當費時，還很容易按錯。如果是中途不小心輸入錯誤，要重新輸入的時候，真的會有點焦慮。有時候廉價租車公司的車子，車款比較舊，沒有內建導航的，而用外接式導航機器，會占用點煙器當做電源。所以如果想要另外使用MP3播放機，還得自己準備擴充點煙器。

導航圖資
較新的車款有「自動更新」功能

不論導航系統的新舊，導航圖資有沒有在更新，才真的會大大影響我們行程的順暢度。這一點其實在交車時，我們設定第一個目的地的時候，最好同時也挑一兩個點，輸入電話測試看會不會找到，萬一發現有問題，就馬上反應，再請租車公司人員幫忙處理。現在比較新的車款，甚至有「自動更新」的功能，就不需要擔心此問題了。

先進的導航，畫面大又易懂

開車大忌

酒雄の豆知識

案例1：圖資過舊

我曾有一次在北海道自駕時，某個高速公路入口曾改過位置，但導航上沒有顯示有此更動，所以我開到導航指定的地方時，竟然是死路。後來是照路標找到新的入口，不管導航多值得相信，現場的路標絕不會騙人，適度依賴路標也是很重要的。

案例2：缺少圖資

最嚴重的一次，是缺少很多店家電話的圖資，以致於我輸入電話號碼常常找不到目標，一定要輸入名稱或是地址才行。可想而知在每次設定景點的時候，都會花上更多時間，後來我有跟租車公司反應，但因為車子我們已經開走，他也無法幫上忙。所以當晚我就上網查了所有之後行程的GPS座標，而後就改用座標定位了。

什麼是豆知識？
「豆知識」一詞源自日本，泛指生活中各種五花八門的小祕訣。

保險制度
選擇有免責補償的公司

每一家租車公司提供的保險都不太相同，所以規定方面一定要確實掌握清楚。尤其有些廉價租車公司，是不提供「免責補償」給外國顧客，所以如果租這些公司的車子，萬一發生車禍的話，可是要賠償很多錢的。租之前一定要看清楚，如果連「免責補償」都不提供的話，我認為還是跟別家租車會比較好。（關於「免責補償」請參閱P132。）

外語應對
語言不通就會雞同鴨講$%^\&

大型租車公司一般來說，就算該分店沒有外語人員，總公司也一定會有一兩位外語人員，甚至一開始租車時，萬一真的不幸發生意外的時候，還可以緊急聯絡並協助我們處理後續的情況。而廉價租車公司基本上不會有外語人員，萬一有什麼事情要聯絡，可能就會雞同鴨講了。如果個人沒有語言能力的話，還是建議找大型租車公司。

ONES 租車公司，不租給不懂日文的人

我適合哪種租車公司？

符合以下要件的人，建議選擇大型租車公司

- ✓ 日本自駕初體驗
- ✓ 不會日文
- ✓ 在台灣沒有很常開車
- ✓ 停車不是很有自信

雖然並不是說廉價租車公司的車子，就一定比較不好，但車款比較舊，發生問題的機會也就比較高。而且還有保險跟語言方面的問題，雖然費用上可以比較節省，但還是畢竟旅行在外，安全最重要。還是希望大家依照自己的承受風險、意外的能力，選擇最合適的商品。

保險與免責補償

出國前就掌握最新資訊

發生事故，需要哪些費用呢？

　　我想這是大家在規畫租車自駕遊之前，一定要事先了解的問題，也算是旅行者的義務。如發生車禍等事故，我們需要付的費用就是「賠償金」以及「*營業損失」兩個部分。而其實日本的租車費用當中，都包含了保險費用在裡面，這個保險主要就是針對賠償金的部分來理賠。所有租車公司所提供的保險理賠額度都差不多，如同下表所示：

保障內容(理賠對象)	計算單位	理賠上限	*免責額度
對人保障(對方)	每一人	無上限	無
對物保障(對方)	每一事故	無上限	5萬日圓
對車輛保障(租車)	每一事故	依照車輛時價	5萬日圓
人身傷害保障(自己)	每一人	3,000萬日圓	無

　　這個部分的保險，因為是包含在租車的費用當中，所以不需要另外費用來加入。至於需要另外費用來增加保障的，依照租車公司不同，通常還有提供1～2種保障方案。

免責補償制度(CDW)

　　其實這並不算是保險，而是保險公司提供的保障。如果加入的話，萬一發生事故時，對人以及對物的免責額度也都不需支付。免責補償的費用大致為1日1,050日圓(各家略有不同)，計算天數的方式跟計算租車費用時一樣。有時候旅遊網站的優惠當中，會有包含免責費用的方案，可以節省不少，建議可以多方比價。

---

*營業損失(NOC)

發生事故之後，我們所使用的租車必須要進廠維修，這時候租車公司會跟我們要求此期間的營業損失。如果狀況輕微，可以自行駕駛回到租車公司的話，是2萬日圓；如果租車毀損嚴重，沒辦法自行駕駛回去的話，則為5萬日圓。

*免責額度

對於事故所造成的損失，租車人所必須負擔金額的上限，如果事故所需賠償金額超過免責額度，超過部分就會全部由保險公司來支付。這就有點像我們使用全民健保去看醫生，拿藥時還有所謂的「部分負擔」，這部分是保險所沒有支付的。

安心保險

這種保險並非所有公司都有提供，除了發生事故時，連「營業損失」也不需要支付之外，還有提供一些貼心服務，如：免費道路救援、免費開鎖、超時費用半價、電話導航服務、免除中途解約的違約金等。詳細的貼心服務內容，請自行從各租車公司官網進行確認。就我所知，目前連鎖型租車公司當中，有提供此安心保險的租車公司有：NIPPON、ORIX、日產、OTS等四家，費用依照車款，大致上為1日525～1,050日圓。

也有保險不給付的情況

1.發生事故後，沒有通報警察，故沒有取得事故證明。
2.事故發生時的駕駛人，並非事先告知並提供駕照影本給租車公司的駕駛人。
3.無照駕駛人所造成的事故。
4.駕駛人帶有酒氣時。
5.如果沒有依契約時間還車，逾時之後發生事故。
6.有其他違反租賃契約的情事時。

酒雄の豆知識

好險有「免責補償」！

　　如果沒有加入「免責補償」，萬一不幸發生事故，就需要負擔免責額度最高10萬日幣的費用。就算只是在停車場不小心擦撞牆壁，也有免責額度最高5萬日幣的費用。這個風險實在很大，我認為這費用實在不應該省。我曾有一次沒有加入「免責補償」，還車時租車公司的人檢查車輛超級仔細，花了快15分鐘，才願意放我走。綜合我的經驗，建議大家還是參加比較好。至於安心保險，就見仁見智了。如果覺得不放心的話，花點小錢買一整路的安心，我想也是很划算的。

　　某次的租車公司，其分店是位於立體停車塔內，所以必須把車開上停車塔。但因為車道狹窄且視線不佳，已經到了租車公司門口了，竟不小心在倒車時，沒注意到後方有障礙物，碰的一聲就撞上去。車子後面凹陷，趕快去請租車公司人員出來看，結果判定是需要進場維修，但因為有加入「免責補償」制度，車子的毀損部分不用支付，但要賠營業損失的2萬日幣(因為有自行駕駛回租車公司)。只能說還好有加入「免責補償」，不然我可能現在還留在那邊掃地。

日本自駕
需要準備什麼文件呢？

必看！

不需國際駕照，而是「駕照日文譯本」唷！

　　如果要去日本自駕遊，我們需要準備什麼證件呢？請看仔細了，這份證件叫做「駕照日文譯本」，只要持有台灣駕照及其譯本就可以在日本開車。申請時，請千萬注意並不是國際駕照，台灣的國際駕照在日本是無法使用的。國際駕照申請時需要照片，規費是台幣250元，而駕照日文譯本，不需要照片，規費是台幣100元。如果辦理錯誤的證件，就無法順利在日本開車，租車公司也不會把車子租借給我們，所以這個駕照日文譯本是在日本開車的絕對必要條件。

圖為駕照日文譯本，僅是一張A4的紙，可自行折成適宜大小

譯本哪裡辦？

在台灣(需時約10分鐘)

全國各公路監理單位都可以申請，也可越區申請。

在日本(需時約1～14日)

1. 台北駐日經濟文化代表處、橫濱分處、那霸分處。
2. 台北駐大阪經濟文化辦事處、福岡分處。
3. 社團法人日本自動車聯盟(JAF)。於各都道府縣的事務所設有受理窗口，詳請洽JAF網站：www.jaf.or.jp/inter/entrust/index.htm

全國監理站都可辦理譯本，要找「車駕籍綜合窗口」

綜合窗口通常比較少人，不太需要等候

申請譯本應備證件

① 駕照正本
② 身分證正本
③ 規費台幣100元(在日本辦理時則為3,000日圓)

持駕照日文譯本的准駕車類

　　我們所能駕駛的車輛種類與所持駕照類別所能駕駛之車輛種類相同，一般來說都是普通小客車駕照，所以我們能在日本駕駛9人座以下的車輛。如果持有大客車駕照，就可以在日本駕駛10人座(含)以上的車輛。這些相關規定，也會寫在譯本的背面。

運転が認められる車両の種類

車種	可否	内容
聯結車	X	車両総重量が750kg以上の被牽引車を牽引する自動車
大客車		乗車定員が10人以上であり、又は車両総重量が3,500kgを超える乗用車
	X	乗車定員が25人以上であり、又は車両総重量が3,500kgを超える通学通園バス
大客貨両用車	X	車両総重量が3,500kgを超え、かつ、乗車定員が定められている自動車
		乗車定員が10人以上であり、かつ、最大積載量が定められている自動車
代用大客車	X	貨物に代わり25人以下の人員を乗車させた、車両総重量が3,500kgを超える貨物車
大貨車	X	車両総重量が3,500kgを超える貨物車
小客車※		乗車定員が9人以下で車両総重量が3,500kg以下の乗用車
	O	乗車定員が24人以下で車両総重量が3,500kg以下の通学通園バス
小客貨両用車※	O	車両総重量が3,500kg以下で乗車定員が9人以下の自動車のうち、乗車定員及び最大積載量が定められており、最後部の座席を固定させた場合においてその後方に1立方メートル以上の積載のための空間があるもの・
代用小客車	O	貨物に代わり9人を超えない人員を乗車させた、車両総重量が3,500kg以下の貨物車
小貨車	O	車両総重量が3,500kg以下の貨物車
大型重型機器脚踏車A	X	総排気量が550ccを超える自動二輪車
大型重型機器脚踏車B		総排気量が250ccを超え、550cc以下である自動二輪車
	X	最高出力が29.84kwを超える自動二輪車
普通重型機器脚踏車		総排気量が50ccを超え、250cc以下である自動二輪車
	X	最高出力が3.73kwを超え、29.84kw以下である自動二輪車
普通軽型機器脚踏車		総排気量が50cc以下の二輪車
	O	最高出力が1kw以上3.73kw以下である二輪車
		最高出力が1kw未満で最高速度が毎時45kmを超える二輪車
小型軽型機器脚踏車	O	最高出力が1kw未満で最高速度が毎時45km以下である二輪車

※印を付した種類の車両については、車両総重量750kg未満の被牽引車を牽引する場合における当該車両を含む・

駕照日文譯本背面，明載可駕駛車輛

有關使用期限

　　譯本上的使用期限，是直接參照駕照上的使用期限的。所以如果台灣駕照過期，譯本也隨之過期。如果駕照上所標示的使用期限已過，雖然2013年起，駕照已經變更為無使用期限了，申請譯本之前還是必須先行換照才行。這一點務必特別注意，萬一因此來不及申請譯本，可能會影響旅遊計畫。

汽機車譯本

酒雄の豆知識

　　日文譯本的申請，原則上一張駕照就需要一張譯本，也就是說，在台灣普通小客車的駕照，可以騎乘50cc以下的機車，所以變成譯本之後也是一樣。但如果想在日本騎乘125cc的機車，則必須把我們普通重型機車的駕照，也拿去申請譯本，始得駕駛。兩張譯本是不得合併為一張的，所以如果行程中不僅要開車，還要騎乘超過50cc以上機車的話，就需要準備兩張譯本。

設計屬於自己的旅程

用最喜歡的方式輕鬆規畫

標出想去的景點，就能輕鬆決定行程了！

規畫一趟旅行，不外乎就是設定景點、找餐廳、找交通方式、找優惠票券、找住宿。不知道你以什麼為優先來設計行程呢？在設計自駕遊行程的時候，只要把想去的景點統統列在地圖上，就可以輕鬆決定每天該去多少行程了。我會在設計行程時，可以依照地區設定每日主題，每天都有一個最想去的點，然後決定住宿，找餐廳。依照這種順序來設計行程，會是很輕鬆愉快的。常常我在設計行程的時候，早已經神遊到日本去，先玩一趟了。

三種路線規畫

設設計自駕行程的時候，大致可以分成圓圈型、放射型、直線型三種類型。可因為地區跟所設計的旅遊主題來做選擇。這只是提供給大家做參考，實際上自駕行程是很自由、靈活的。各方式也都能自由混搭，甚至也能配合大眾交通工具，玩出自己的風格，一次滿足所有願望才是最重要的！

圓圈型　可以去比較多地方唷！

通常旅行團的路線也都是採用這種方式，也就是所謂的「主流」。以這種路線來說，從主要城市出去之後，基本上不會走到回頭路。適合景點比較分散，而且旅行目標比較多的行程。這種設計方式的好處，是可以去比較多地方，適合景點比較分散，或者總行車距離比較遠的行程。像是北海道、九州、四國之類，就比較容易採取這樣的行程方式。這樣的方式，就是會每天換飯店，好處是可以體驗不同的旅館，玩到哪睡到哪就對了，行程設計上當然是很活的。缺點是每天都要整理行李。

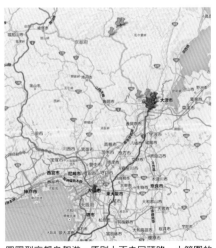

圓圈型京都自駕遊。原則上不走回頭路，大範圍的移動

放射型　不用天天整理行李，體驗在地生活

　　如果行程中不想換飯店，又不喜歡跑太遠的話，可採用這種方式設計行程。適合這種行程的地區，通常是景點比較集中，且類別豐富的地方。住在市區，每天往不同方向玩，晚上回來同地方住宿。如果行程上可以接受，我自己其實最喜歡這種玩法。每天一條線出去，不會跑太遠，可以玩得比較細，而且不用天天整理行李，玩晚一點再回旅館也沒關係。還可以去超市買大罐飲料慢慢喝，真正體驗在地的生活方式。

放射型函館自駕遊。一直住同一個飯店，每天跑不同地方

直線型　不浪費時間，每天去不一樣的地方

　　這算是比較進階型的玩法，通常要搭配不同點進出的機票，例如說「名古屋進、大阪出」或是「福岡進、鹿兒島出」之類的走法。這通常是適合天數比較多，或者追櫻花、楓葉的行程。這種玩法的成本一定會比較高，第一是因為不同點進出的機票比較貴，而第二是因為租車需多一個「甲地借，乙地還」的費用。話雖如此，這種走法可以說是完全沒有浪費時間，每天都可以去到不一樣的地方，玩一趟專屬於自己，獨一無二的行程。

直線型關西自駕遊。邊走邊玩，每天都是新的體驗

行程規畫大法

別排太滿，
留時間慢慢感受

在此分享我自己設計行程的方式，提供給各位參考。請記得行程不要排太滿，留點時間讓自己可以慢慢感受，且旅途中的意外小驚喜，常常會是印象最深刻的部分。

1 決定要去哪個區域玩耍

一趟自助旅行最大的不可變動成本，當然是機票了。所以如果確定有假了，就趕快鎖定想去的區域。如果想坐傳統航空，就去機票比價網站找機票，早訂早安心。如果想搭廉價航空，就要盯緊期間促銷活動，有沒有促銷價差很大。

設定這次的旅遊目的

2

再來就要先決定這趟旅行的主要目的，不管是大自然、美食、夜景、古蹟、活動，一定要先設定主題，才能有下一步。我是建議可以把想去的地方，想做的事情，通通都列表出來，之後摸摸自己的心，看看哪些是最重要的，哪些絕對不可刪除的，針對表中項目來排序。順位高的自然就先排入行程當中。

Google Map
3 鎖定地理位置

要了解景點的位置關係，當然也可以使用傳統地圖，但畢竟沒那麼熟日本，光是找出景點在哪就會花上很多時間。其實現在我們只需要使用Google Map，就能輕鬆掌握景點的地理位置了。

4 抓每日行程

接下來根據景點的地理關係，大略劃分出幾個區塊。先把一定要去的、最重要的，事先想好要放哪一天，然後把距離近的點也放進去，大致上就能抓到每日行程了。

5 決定住宿的地方

可以根據每日行程區域來決定住宿的位置，如果不是太遠，30分鐘以內的車程就建議可以不要換飯店了。在訂房網站找飯店的時候，可以參照一下地圖的位置，因為是租車移動的關係，飯店要找有停車場，而且不要太靠近地鐵站的會比較好。

6 找喜歡的餐廳吧

我們可以先爬一下網路上的部落客推薦文，或者可以買些旅遊雜誌、旅遊書來參考。一樣把心動有想去的餐廳都輸入到Google Map裡，不要只輸入一家，建議可以多找一些，畢竟人是善變的。有可能忽然變心想吃別的，所以多找一些備著，總是好事。記得不管是午餐、晚餐、正餐、點心、甜點等等，統統列進去就對了！但切記要查一下公休日，不然白跑一趟，可是會很難過的。

早上旅遊時間比較短,所以午餐的位置比較重要,最好不要拉太遠。如果沒有特別堅持吃什麼餐廳,可以中午就玩到哪吃到哪,這樣也許更加自由愉快。至於晚餐就可以好好找一間想吃的餐廳,如果想搭配酒類飲料,那就必須找飯店附近的飯店,把車停飯店之後,走路過去。

7 最後,施展讓行程更豐富的魔法

大致上把行程底定之後,也許還會有些多餘的時間,建議可以多在網路上爬爬文,看看有沒有什麼可以追加的景點,不管是夜景,還是購物站都放到地圖上。多做點功課,就能讓行程更加豐富。

如何使用MAPION網站找出MAPCODE

網址 www.mapion.co.jp/

1 用地名搜尋

STEP 1 在搜尋框輸入地名
大部分的知名景點或公共設施,只要輸入名稱就可以找到。

搜尋框

STEP 3 成功查到MAPCODE
往下滑就能看到MAPCODE (マップコード)項目。

這就是MAPCODE

STEP 2 點選想要查看的項目

2 用地址搜尋

　　萬一你要找的地方是由民家改建，或是比較隱密的地方，那名字就不一定能找到，建議改成用地址來搜尋。以九州佐賀的「唐津燒 小杉窯」為例作，Google之後發現，地址為「佐賀　唐津市和多田用尺8-1」。

 STEP 1 在首頁輸入地址

輸入地址

 STEP 3 點選「地圖URL」

點開「便利ツール」選單，點選「地圖URL」，會顯示畫面中心紅十字架處的MAPCODE。

點選地圖URL

STEP 2 查看「便利ツール」選單

在地址搜尋結果頁面右上角，將滑鼠移到「便利ツール」處。

便利ツール

 STEP 4 順利找到 MAPCODE

這就是MAPCODE

如何利用NAVICON APP 查出MAPCODE

STEP 1　輸入景點名稱

在搜尋框中輸入欲查詢景點的名稱。

搜尋框

STEP 2　點選看起來最符合的結果

❶ 搜尋結果圖釘　❷ 搜尋結果列表

STEP 3　獲得景點資訊

❶ 地點資訊

❷ 也可以輸入地址搜尋，會出現地點名稱

❸ 也可輸入地點類別，針對鄰近區域搜尋，如停車場、超市等

MAPCODE快速列表

北海道	
地點	MAPCODE
新千歲機場	113 742 186*18
旭山動物園	79 358 840*66
洞爺湖	321 518 588*14
登別溫泉	603 287 582*40
五稜郭公園	86 166 278*81
摩周湖第一展望台	613 781 375*75
網走破冰船	305 678 310*02
四季彩之丘	349 701 156*20
小樽運河	493 690 648*32
瀧上芝櫻公園	570 699 237*68
美瑛青池	349 569 818*55
定山溪溫泉	708 754 535*87
函館山纜車站場	86 041 062*24
白色戀人公園	9 603 300*11
大沼公園	86 815 448*21
阿寒湖溫泉	739 342 578*55
星野渡假村TOMAMU	608 511 247*36
富田農場	349 276 889*12
余市蒸留所	164 665 222*51
層雲峽溫泉	623 204 843*78

東北	
地點	MAPCODE
奧入瀨溪流	612 671 057*83
十和田湖	612 302 705*51
青森縣立美術館	99 489 495*24
十和田市現代美術館	215 115 315*36
酸湯溫泉	704 522 703*12
弘前城公園	71 101 020*16
十二湖青池	559 223 403*72
八甲田山纜車	99 055 274*83
田澤湖辰子像	280 766 315*07
乳頭溫泉鄉	435 486 211*33
千秋公園	303 780 151*55
角館武家屋敷	280 337 526*37
男鹿溫泉	873 494 433*06
後生掛溫泉	657 186 314*56
安比高原滑雪場	657 326 015*10
小岩井農場	81 872 644*45
中尊寺	142 282 771*47
北上展勝地	108 375 165*72

淨土ヶ浜	286 237 204*25
宮澤賢治童話村	108 830 410*58
龍泉洞	432 066 813*30
岩洞湖	683 254 841*43
北上展勝地	108 375 138*52
山寺	62 232 077*66
湯殿山神社	62 011 456*32
北上展勝地	108 375 138*52
岩洞湖	683 254 841*43
銀山溫泉	720 859 032*28
莊內電影村	523 806 554*81
松島觀光船	110 412 897*30
青葉城跡	21 583 724*17
藏王山頂REST HOUSE	569 458 059*83
石森萬畫館	105 052 201*57
鳴子峽	317 818 421*22
白石川堤一目千本櫻	156 463 020*82
大內宿	433 583 651*13
喜多方源來軒	97 824 235*01
鶴城公園	97 261 141*28
磐城夏威夷度假村	82 248 850*10
華嚴瀑布	367 240 323*33
日光東照宮	367 312 401*61
日光江戶村	367 444 452*78
中禪寺湖	947 269 346*06
鬼怒川溫泉	367 566 520*38
那須羊駝牧場	203 426 440*34
足利花公園	64 513 391*03
史跡足利學校	34 594 834*44
少林山達磨寺	94 280 276*17
鬼押出し園	737 064 899*57
四萬溫泉	554 033 819*81
碓冰峠鐵道文化村	292 628 011*77
草津溫泉	341 446 359*00
富岡紡紗廠	94 002 271*86
偕樂園	47 129 531*01
アクアワールド 茨城縣大洗水族館	239 596 619*78
ひたち海濱公園	47 236 762*01
九十九里濱	271 399 019*70
成田山 新勝寺	137 698 827*34
鴨川海洋世界	309 404 504*76
三鷹之森吉卜力美術館	5 113 143*68

高尾山口	23 167 320*70
奧多摩湖	348 741 604*34
長瀞遊船窗口	150 613 798*23
秩父神社	150 280 284*04
三崎港	394 194 526*50
八景島	8 287 889*43
江之島	15 178 814*76
箱根公園	57 093 164*80
箱根雕刻之森美術館	57 246 856*21
箱根玻璃之森美術館	57 332 525*66
小王子美術館	57 331 569*24

中部	
地點	MAPCODE
彌彥神社	190 129 405*87
朱鷺メッセ	524 007 738*85
瓢湖	32 628 205*26
松代雪國農耕文化中心	298 179 365*35
越後湯澤	253 052 821*15
笛吹水果公園夜景	59 710 727*46
御殿場OUTLET	50 806 424*25
舞鶴城公園	59 578 418*82
河口湖音樂盒之森美術館	161 362 258*23
忍野八海	161 130 726*12
堂島遊船	248 392 435*83
修善寺溫泉	116 186 082*88
MOA美術館	116 684 611*01
日本平纜車	25 506 391*12
輕井澤OUTLET MALL	292 616 594*35
舊輕銀座	292 676 464*73
石之教會 村鑑三記念堂	292 670 354*11
諏訪湖畔公園	75 178 261*42
上田城跡公園	177 269 081*87
松本城	75 851 083*86
善光寺	54 277 027*25
澤渡駐車場(往上高地)	405 574 289*60
平湯駐車場(往上高地)	620 682 842*11
心穗高纜車	898 114 821*38
宮川朝市	191 196 790*56
白川鄉(合掌村)	549 018 380*16
飛驒古川	191 547 108*48
下呂溫泉	361 509 555*27
郡上八幡城	289 895 861*24
岐阜公園	28 648 699*63

犬山城	70 158 842*42
日本大正村	368 482 186*57
名古屋城	4 348 757*45
熱田神宮	4 139 821*78
常滑陶藝散步道	371 791 453*88
名古屋港水族館	4 015 442*27
長島溫泉樂園	38 718 060*55
名花之里	38 894 322*00
伊勢神宮(外宮)	118 549 265*63
伊勢神宮(內宮)	118 432 365*44
鳥羽水族館	118 536 356*50
鈴鹿賽車場	38 035 514*48
伊賀流忍者博物館	131 675 232*07

北陸

地點	MAPCODE
宇奈月溫泉	220 235 614*35
庄川峽遊覽船	288 781 102*63
菅沼集落(五箇山合掌村)	549 556 201*58
相倉集落(五箇山合掌村)	549 622 676*77
兼六園	41 529 055*33
金澤21世紀美術館	41 499 850*23
近江町市場	41 559 211*67
能登金剛中心	471 012 892*58
和倉溫泉	590 305 202*27
輪島朝市	283 828 227*56
片山津溫泉	120 344 223*80
東尋坊	264 240 107*84
一乘谷朝倉氏遺跡	63 290 504*33
丸岡城	63 828 810*86

關西

地點	MAPCODE
長濱黑壁SQUARE	101 767 287*82
彥根城	101 375 496*86
日牟禮八幡宮	67 791 483*52
三井寺	7 657 205*44
MIHO MUSEUM	148 287 338*33
金閣寺	7 733 274*27
龍安寺	7 701 562*11
宇治平等院	7 202 277*40
醍醐寺	7 413 679*76
伏見稻荷大社	7 468 603*70
嵐山渡月橋	7 636 139*17
湯之花溫泉	52 675 179*37
天橋立	197 263 040*43
舟屋之里伊根	652 605 515*37

奈良公園	11 356 675*31
平城宮跡	11 380 329*04
吉野纜車	36 147 564*35
和歌山城	35 185 866*70
小玉站長咖啡	35 142 653*37
白濱溫泉	184 041 589*77
勝浦溫泉	324 744 553*18
那智大瀑布	246 002 270*48
大阪城	1 378 072*14
造幣局	1 407 236*20
箕面公園	52 011 507*75
有馬溫泉	12 765 158*22
摩耶山掬星台	12 520 633*80
北野異人館	12 398 668*76
姬路城	24 308 317*52

山陰山陽

地點	MAPCODE
後樂園	19 892 763*47
吉備津神社	275 012 101*65
倉敷美觀地區	19 632 174*00
千光寺公園	48 248 777*34
廣島城	22 220 852*66
廣島平和記念公園	22 189 707*71
宮島渡輪口	103 501 865*31
錦帶橋	115 891 651*83
湯田溫泉	93 579 238*88
唐戶市場	16 743 383*66
元乃隅稻成神社	327 877 893*43
秋芳洞	240 107 003*83
萩ガラス工房	588 393 419*08
鳥取砂丘	125 732 292*18
砂の美術館	125 733 357*83
三朝溫泉	345 242 860*74
青山剛昌ふるさと館	189 886 352*84
植田正治美術館	252 487 378*51
水木茂之路	109 762 005*24
松江城	163 501 552*41
出雲大社	258 832 647*38
足立美術館	109 158 197*41

四國

地點	MAPCODE
栗林公園	60 575 138*26
金刀比羅宮	77 352 592*32
大塚國際美術館	406 211 476*54
祖谷のかずら橋	357 130 556*11

大步危峽觀光遊覽船	357 151 826*45
ひろめ市場	73 184 798*55
岩間沈下橋	764 458 040*48
桂濱	858 279 210*12
足摺岬	907 197 441*10
滑床溪谷	176 139 042*17
道後溫泉本館	53 349 770*26
SUNRISE糸山	356 387 767*74

九州

地點	MAPCODE
門司港	16 715 109*32
皿倉山纜車	16 365 385*64
海之中道海濱公園	13 552 591*28
呼子朝市	182 722 138*70
九十九島海洋遊樂區	307 546 862*00
豪斯登堡	307 289 860*14
長崎纜車(夜景)	262 028 492*45
哥拉巴園	443 824 646*11
雲仙地獄	173 556 381*32
武雄溫泉	104 407 121*54
太宰府天滿宮	55 364 133*30
豆田街道	202 847 742*57
金鱗湖	269 359 525*64
別府海地獄	46 521 468*07
黑川溫泉	440 572 007*66
水前寺公園	29 433 551*17
阿蘇神社	256 704 307*00
高千穗峽	330 711 761*50
人吉溫泉	195 765 023*42
青島神社	843 192 097*41
霧島神宮	376 089 566*33
石橋記念館	42 068 071*08
城山展望台	42 036 129*24
指宿溫泉	285 228 134*51

沖繩

地點	MAPCODE
沖繩美ら海水族館	553 075 797*77
古宇利大橋	485 632 819*22
萬座毛	206 312 097*04
殘波岬	1005 685 356*68
讀谷山窯	33 855 204*66
首里城	33 161 524*83

MAPCODE®

註:「マップコード」及「MAPCODE」為日本(株)デンソー的登錄商標。

學會使用MYMAPS來設計行程 網址 www.google.com/maps/d/

 STEP 1 打開MYMAPS首頁

連結網站來製作地圖,點選「製作新的地圖」。

STEP 2 輸入關鍵字來搜尋地點

輸入前往地點

❶ 地圖名稱　❷ 增加類別

❸ 變更權限　❹ 變更類別名稱

❺ 輸入搜尋地點

STEP 3 點擊將地點追加至地圖中

❶ 地點資訊　❷ 點此追加至我的地圖中

STEP 4 陸續追加想去的地點

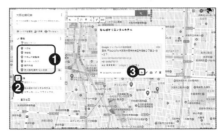

❶ 所儲存的地點

❷ 若取消勾選可不顯示該類別項目

❸ 可編輯圖示及顏色

STEP 5 儲存地點編輯畫面

建議可把同天的景點,換成相同顏色。

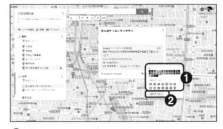

❶ 顏色及圖示有多種選擇

❷ 更多圖示

STEP 6 更改地圖分享權限

權限可設為只有自己看,也可以把連結寄給朋友。

———點擊此處設定分享權限

彈性選擇交通工具

> 不一定要
> 天天租車

　　在設計自駕行程的時候，其實也不一定要全程都租車，也可以旅程中幾天租車就好，在大城市的時候也可以體驗一下地鐵的便利。如果規畫了5天的東京之旅，又想泡溫泉的話，就可以利用兩天一夜的時間，租車到日光看世界遺產，晚上入住溫泉旅館，費用基本上會比坐鐵路還便宜，且又不用受限於電車、巴士班次，所以很推薦。所以如果想逛街又想去些比較遠的地方，這種只租一兩天的方式，也是很值得考慮的。

適合自駕的大城市周邊POINT

　　可以根據每日行程區域來決定住宿的位置，如果不是太遠，30分鐘以內的車程就建議可以不要換飯店了。在訂房網站找飯店的時候，可以參照一下地圖的位置，因為是租車移動的關係，飯店要找有停車場，而且不要太靠近地鐵站的會比較好一點。

城市	推薦周邊景點
東京	日光世界遺產、鬼怒川溫泉、富士山五湖、川越小京都、宇都宮餃子、佐野拉麵、足利紫藤花園
橫濱	三浦半島、相模湖浪漫點燈、湘南海岸江之島、鎌倉
大阪	有馬溫泉、須磨沙灘、港町神戶、若草山夜景、明石海峽大橋、「天空之城」竹田城跡
京都	琵琶湖畔、美山茅草屋聚落、MIHO美術館、甲賀忍者屋敷、比叡山延曆寺
名古屋	靜岡濱名湖、關之原戰場、伊勢神宮、岐阜山城
福岡	熊本城&拉麵、阿蘇火山、湯布院溫泉、佐賀唐津港、太宰府天滿宮

自駕行程參考網頁大公開！

　　其實各大租車公司，多少都有提供自駕行程範例，有興趣的話都可以用Google搜尋「ドライブコース」，就能找到不少網站，以下推薦我覺得比較好用的網站。

JAFナビ(NAVI)

www.jaf.or.jp/dguide/index.htm

　　日本自動車連盟所製作的開車推廣網站，不管是行車路線、距離、所需時間等資訊都非常清楚，路線種類相當多。但詳細內容大部分需要加入付費會員，但光是免費部分還是值得當做參考。

JAF提供的高速公路路線圖

www.jaf.or.jp/member/dguide/exway/index.php

MAPFANWEB

www.mapfan.com/kankou/drive/index.html

　　日本導航公司所製作的自駕路線專題，數量不是很多，但也值得參考。

ニッポンレンタカー (NIPPON RENT-A-CAR)

www.nipponrentacar.co.jp/freeroad/drive.htm

　　NIPPON租車公司所提供的行程範例，全國皆有，內容還算豐富。

自駕行程小錦囊

讓你玩得更得心應手

限定單日最大里程，避免過度疲勞

每位駕駛的一日最大行車里程，走高速約300km，而走一般道路約為150km。如果設太多的話，駕駛可能會累積太多疲勞，而增加風險。以行車速度來說，若把路況考量進去，高速公路1小時大概可以移動70km，而一般道路則是20～30km為標準。在規畫行程的時候，就不要把時間規畫的太緊湊，不然可能會造成駕駛有時間壓力，反而徒增不必要的疲勞。

一定要設定優先順序！

把非看不可，不吃會死的這些景點，事先排好優先順序，到時候就是以這個順序為基準，來排定行程。實際去的時候，可能因為塞車，或景點太好拍，還是商店太好逛，而消耗了太多時間，這時候取捨就變成很重要的工作。排行程的時候建議可以排成以下方式：

為了遊程的便利性，午餐建議在景點附近解決，除非是有慕名已久的餐廳，（日本高檔餐廳午餐常常會有Service價格）那就可以特地去吃。

開車中，睡魔來襲該怎麼辦？

萬一真的很想睡，請找就近的休息區，若有人可以交換，就換人開車。或者就車上瞇個10分鐘也好，千萬不要硬撐，休息好再去廁所洗把臉，一定會好很多。尤其疲勞時，走高速公路這種單調的直線，很容易不小心就睡著，那可就危險了。另外也可以事先準備口香糖、咖啡或茶，嘴巴有在動比較不容易想睡。或者準備車中動感音樂，最好大家可以跟著唱。而開開窗戶讓空氣交換一下，也是不錯的方法。最忌諱就是全車人都睡著，甚至還打呼，那駕駛疲勞值是很容易瞬間暴增的！

最重要的景點 → 有時間再去的咖啡廳 → 次重要景點 → 有時間想逛一下的商店 → 晚餐餐廳

車內角色分派，
一起完成華麗的冒險！

因為自駕出遊可不是請專屬司機，所以一定要幫駕駛分憂解勞一下，不要讓駕駛覺得自己很辛苦，這種心理壓力也會造成疲勞。建議可以分配一下職掌，大家有分工，團結一條心，這樣下次才會想再一起出來玩。

副駕駛

調整空調及音樂、幫駕駛收過路或停車票卡、準備零錢、餵食駕駛(如口香糖、點心等)、幫忙輸入導航。

後座乘客

跟駕駛聊天、帶動氣氛、統合大家意見(如午餐吃什麼？要不要下休息站等等)、準備垃圾袋、保持清醒並不要讓所有人睡著。

雪地駕駛要小心，
什麼都要輕輕來～！

國人普遍都沒有雪地駕駛的經驗，在嘗試之前有些知識必須要先了解，才不會造成危險。雪地駕駛最危險的事情，莫過於打滑了，因為雪地不如一般乾燥路面，

雪地駕車除了要小心打滑之外，視線也不是很好，速度一定要放慢

晚上停車時記得把雨刷拉起來，早上比較不會黏住

任何急促的大動作，都是非常危險的，如急剎車、急轉彎、急加速等等。所有動作一定要輕，輕踩油門，輕踩剎車，不隨意超車，慢慢變換方向。

雪胎還是雪鏈？
一定要先問清楚唷！

為了防止打滑，很多人會説可以加裝雪鏈，但我們若平時沒有此經驗，要在天寒地凍的大雪中裝上鏈子，然後回到沒下雪的路面還要拆掉，光是想像就累死了。現在日本租車公司基本上都有提供雪胎(スタッドレスタイヤ)這一項配件，不管是雪地還是乾燥路面都能跑，這就會比較省事。不過如果是像九州之類只有山上才有積雪的地方，雪胎不是標準配件，所以不是每台車都換成雪胎，如果行程有要去下雪的地方，就一定要先問清楚。

氣溫降至0度，雪胎預備～

冷天時的路面狀態分成薄冰、積雪、凍結路面三種，若沒有加裝雪鏈或換雪胎的話，都有可能導致打滑，而提昇車禍風險，甚至有可能被困在雪地，造成行程無法繼續。所以就算不是前往會下雪的地方，如果看該地氣象時，氣溫近0度或已經零下的話，就要以雪胎來應對才行。

行駛冬季山路時，別因為貪看風景而分心喔！

薄冰路面

路面結上一層薄冰，看起來黑黑的，就像是普通的路面一樣，不容易察覺。

積雪路面

積雪鬆軟的狀態，行駛此路面不太會打滑，只是要小心障礙物可能被埋在雪堆中，停車、倒車時須特別注意。

夜間雪會變硬，凹凸不平，很難駕駛

凍結路面

路面水分較多而直接結冰，或者因為往來車子胎壓，逐漸把雪壓縮成高密度的冰層。行駛此種路面時非常容易打滑，一定要小心。凍結路面也可能軟硬、凹凸不一，方向盤一定要抓好，特別是傍晚到夜間時的路面最為危險。

容易凍結的地方，一定要慢慢來唷！

橋上、隧道出入口陰暗處、交通量大的路口、清晨或深夜時。如果有經過這些地方時，務必減慢速度，並且不要做任何急促的動作。特別是方向盤要握緊，不要急轉，穩穩經過就沒有問題。

雪中開車技巧公開！

❶ 起步及行駛過程中禁止猛踩油門、急加速、急剎車，應維持定速行駛，建議打低速檔，踩剎車前先放掉油門減速。

❷ 轉彎前，一定要提早減速，抓穩方向盤，慢慢轉。避免太大角度的轉彎。

❸ 下坡之前要提前減速，進入之前先放掉油門，再慢慢輕踩剎車。上坡時也是要慢慢踩油門，以防輪胎空轉。

❹ 要保持平時兩倍以上的安全距離，發現前方車輛減速時，應馬上放掉油門減速。

❺ 晴天行駛於雪道，很容易因為雪對陽光的反射，容易畏光、甚至看不太到，應準備抗UV的太陽眼鏡。

雪地駕車必備品

雪胎或雪鏈

預約租車時就應事先租借。

手套、長靴

停車場取車時，清除車上積雪時使用。

冬天必備雪刷，停車場取車前要先勞動。

手電筒

夜間發生問題時會需要用到。

抗UV有色眼鏡

晴天開車時防止陽光反射。

雪刷

通常租車公司會提供，也可跟飯店櫃檯借用。

租車時，要考慮是否要帶著行李旅行唷！！

如果要租車自駕，到底要租多大的車？其實要租多大的車子，除了人數跟舒適度之外，還取決於行李的大小，以及要放在哪。如果不是全程租車，那大行李就可以放在飯店，只要準備隨身行李出遊，那就租剛剛好的車子。但如果行李要跟車，就要預留下行李的空間，車子就必須要大一點，或者準備小一點的行李箱。

7人座的休旅車，行李空間非常有限。最後一排座椅如果可以倒下，就可以放到4個左右的行李箱

行前提醒

準備好一切即將出發！

一定要帶的東西

護照、台灣駕照正本、駕照日本譯本、日幣、手機和愉快的心情。

收行李小祕訣

想要一趟舒適的自駕旅行，有個重點務必要記得，那就是不能攜帶太大的行李箱。因為東西幾乎都不需要自己提，所以箱子不需要太大，且日本車的後車廂通常都比較小一點，若是帶太大的箱子，萬一塞不下可就糟糕了。但如果還是想要採購商品，這時候反倒是折疊式購物袋比較好用，不會占去太多後車廂的空間。尤其是可以裝置在行李箱把手的購物袋，最為推薦。

至於旅行用品的打包，事先要做好分類，把每個種類分開包裝，儘可能減少空間上的浪費。各種尺寸的整理袋，現在台灣的「無印良品」也都可以買到，非常便利。主要多利用這類的整理袋，就算是小小箱子，也能夠把所有用品都裝進去。以下是酒雄實際打包案例。案例中的行李箱，是20吋大小的登機箱。

日本購物小錦囊
國內網路就先下單，日本取貨好方便！

就如同很多朋友在台灣喜歡逛逛網拍，每趟我去日本之前，也會先逛逛日本的網路商店，看看有什麼需要，就從網路

充電器
整理袋

衣褲、
貼身衣物
整理袋

折疊式雨傘　　盥洗包

備用折疊式衣物袋

折疊式購物袋

可置於行李箱提把的折疊式購物袋，用這個裝戰利品最理想了！

桑田佳祐的演唱會藍光限定版

下單，然後請他們寄到我預計要住的飯店。這樣我人到了以後，東西也到了。舉凡是家飾雜貨、服飾、包包、或限定版藍光光碟甚至是家電，幾乎什麼都可以買。當然，因為必須自己拎回台灣，所以託運行李的重量，還是要留意一下。

網路下單價差高達20～30%

其中我尤其熱愛的，就是日本的小家電，從保溫杯、熱水瓶、吹風機、電動牙刷、到煮飯的電鍋等等，我都曾經利用郵購之後日本帶回。會想要這樣做，當然第一點是因為會比較便宜。日本的電器用品，很多是沒有設訂價，利用市場機制去競爭，因此價格差距非常大，尤其網路店通常要拼人氣，所以可能會下殺很低，跟實體店面的價差，可能來到2～3成左右，都是常有的事情。不過因為你在外國購買，帶回來就算是水貨，所以保固在台灣是無效的，這一點可要事先評估進去。

網路買好之後寄到飯店，一到就可以準備開箱。

堅持＝無畏的高品質

第二個會想在日本買的原因，其實本人對於日本製造業的堅持，感到嚮往不已。像我現在使用的電子炊飯器(電子鍋)，就是100%純日本製的。這個電鍋當初上市時的售價，可是高達136,500日圓(台幣4萬元)的天價，不過令人意外的是，貴死人的電鍋竟然能站上銷售排行榜，變成暢銷商品。我在網路上曾看到記者對於此電鍋的報導，製造商為了讓一般家庭也能吃到不輸專業餐廳的美味米飯，從這地方開始發想，決定找日本鑄鐵技術最精湛的「南部鐵器」的公司來製作鑄鐵內鍋。每製作一個內鍋，需要先從18kg的鐵中，鑄造出7kg的原型，然後再切削成僅有1.8kg的內鍋。之後還得通過嚴格的檢品關卡，只要有一個肉眼能辨識的小氣泡，這個內鍋就不能用。經過多少人的努力以及堅持，就只為了一個目的，那就是希望消費者可以「吃到最好吃的米飯」。

從日本扛電鍋回台灣

製造商的信念，讓職人的技藝能繼續流傳，也讓世人重新體認，追求極致並不一定沒有市場，不是只有降低成本才是製造業唯一的路。這光輝的結果，背後是需要多少人的努力呢？我想這不僅僅是一個電鍋，更是日本精神的具體呈現，我深深著迷於這一點，所以我就買了這個電鍋。期許自己也能有像他們那樣的精神，而且最重要的是，用它煮飯真的好好吃！(備註：我購入時的價格，約為出廠售價的一半)

On the road

日本路況轉播

行駛於日本的土地時，
似曾相識的熟悉感湧上來，
或許是靈魂早已駐足在此，
即或不然，
日本的路況、交通號誌和規則，
不知道已經在腦海中反覆出現了多少次？

上路前要知道的事

和台灣不太一樣唷！

台灣日本不一樣

	台灣	日本
駕駛位置	左駕	右駕
通行方向	右側通行	左側通行
機車數量	多	少，鄉下幾乎沒有
機車優先道	有	無
機車轉彎	需待轉	只有50cc以下機車，在有標誌的路口才需待轉
公路速限	依照標示，常為50km/h	依照標示，常為50km/h
高速公路速限	100km/h或110km/h	100km/h，如有標示時則應遵循標示
汽油	92、95、98無鉛汽油	レギュラー、ハイオク
高速公路計費方式	現行為區間收費，未來將改為計程收費	計程收費(僅部分城市高架道路為區間收費)
車道路幅	較寬	較窄

右側駕駛，左側通行

小心變逆向行駛

日本車子的標準駕駛座是在右側，而道路的通行方向則是在左側，剛好跟台灣相反，但跟香港或泰國一樣。當然直行基本上不會有什麼問題，問題是在要轉彎的時候，可千萬不要轉錯車道，要不然變成逆向行駛，可就很危險了。

一開始會有一直在逆向的感覺

方向燈跟雨刷左右相反

酒雄の豆知識

左邊是雨刷

右邊是方向燈

右駕車雖然剎車跟油門的配置跟左駕車一樣，不過方向燈跟雨刷的位置就是左右相反，所以一開始不適應的時候，轉彎時雨刷常常會動了起來。頭幾次跟朋友一起自駕遊日本時，我們常常會比賽一天下來，錯打雨刷的次數，輸的要請飲料，這樣一來就會更集中精神，不太會弄錯了。反倒是回台灣之後開車，有時候轉彎時竟然會錯打雨刷，真的是「中毒太深」了。

雨刷與方向燈的位置，正好跟台灣相反，很容易搞錯

右側駕駛，第一次要花點時間習慣

守法開車的日本人

在台灣開車時，一些粗魯的駕駛常常會做出一些令我們血壓急速飆升的行為，像是「轉彎或下交流道時插隊」、「機車在車陣中穿梭」、「任意變換車道」、「直行車道忽然右轉」……等等，有句名言說：「在台灣開車不是怕撞到人，而是要防別人來撞你。」這句話實在一點也不假。但這樣的現象在日本，可是一個也見不到。日本人開車，真的是只有守法兩字可言：沒有要轉彎絕對不會變換車道，前車要轉彎會乖乖在後面等候，別人要切入車道時會自動禮讓……等。我常體悟到一點：「台灣人還比較危險吧！」

而且在日本開車時，因為不需費神去注意左右車道的車子會不會忽然切到前面，我感覺開車是很舒服愉快的。如果是我們要轉彎，請記得要事先變換好車道，可別到了要轉的時候才臨時切入，那可是很危險的。萬一真的來不及變換車道，就先直行到下個路口再轉就好，千萬不要為了逞快，而做出在台灣的壞習慣。

另外，日本後座也需繫安全帶，我曾有一次沒有注意到，後座乘客沒有繫安全帶，就在高速公路過收費站的時候，被警察攔下來，好在他念在我們是外國觀光客，只有溫馨提醒，沒有給我們處罰。

不能按喇叭，要打方向燈

日本道路交通法明文規定，除了在標示有「請按鳴喇叭（日文：警笛鳴らせ）」的地方，以及「發生緊急狀況不得已」的時候

以外,所有道路皆禁止按鳴喇叭。所以可別因為別人的粗魯就按鳴喇叭抗議,那可能已經違反規定了。另外標示有「暫時停車(日文:止まれ)」的地方,就一定要停下車子至少2～3秒,確認安全之後才繼續駕駛。還有一個要遵守的事項,那就是轉彎或變換車道時,一定要打方向燈,如果要停車或減速,則一定要打雙黃燈。上述情況若是違反,被警察看到,可是會追過來取締的,不可不慎。

幾乎看不到
橫衝直撞的危險畫面

雖然我們熟悉的機車品牌,感覺好像都是日本來的,但其實日本境內,機車拿來當交通工具通勤的比例,可是非常低的。大城市我們還能瞧見機車,但在比較鄉下的區域,一整天開下來也不見得能看到一台。因此不會有像台灣交通尖峰時段那樣,「汽機車、公車爭道,機車騎士拼命鑽來鑽去」的現象。雖然日本的公路,車道路幅比台灣窄,但只要我們行駛於車道線中,就一定不會撞到。而高速公路來說,常常只有兩個車道,一個是「走行車線」表示「一般行駛車道」,另一個是「追越車線」也就是「超車道」,台灣雖然也是有這樣的配置,但日本人開車真的只有超車時才會行駛於超車道,超車完畢之後,他就會自動切回一般車道,這樣自然就不會有「*烏龜拉火車」的情況發生了。

---

*什麼是「烏龜拉火車」?

意思是說有一台車開得很慢,行駛於無法超車的路段,後面就自然會拉長長一條火車了,一般我們都說這種車是烏龜車。

摩托車數量非常稀少,不會與汽車爭道

路面平整，開車好舒服～

在台灣開過車，一定會有一個共同的記憶，那就是路面為什麼這麼顛簸？雖然有所謂的「路平專案」，但常常還是會有玩遊樂場「碰碰車」的感覺。但在日本開車，雖然不是說所有路面都沒有坑洞，但比起台灣真的好太多了。而且日本的人孔蓋基本上會設置在人行道，萬一真的必須設置在馬路上，也會處理到開過去時，不太會有明顯的坑洞感。

日本的路開起來好舒服，但要小心不要超速了

一般公路速限
每個地方不一樣唷！

日本一般公路的速限，原則上是50km/h，如果比較郊區的道路，則可能為60km/h，而汽車專用道則可能為70km/h，但原則上還是要參考速限標誌。因為速限是由各地方政府自行決定，所以可能會有差異。

而高速公路的速限，如果沒有特別標示的話，就是100km/h，有時候會因為惡劣天候如下雪、大雨等，降為80km/h或60km/h，這時候就會使用臨時速限標誌來告知駕駛人。行駛高速公路還有一個情況要特別注意，那就是惡劣天候可能引起的道路封閉(日文：通行止め)，這時候就必須離開高速道路，行駛平面道路了。如果是行駛於不熟悉的地區，記得要先把車停下來，然後重新設定導航為「平面道路優先」路線，才不會一直鬼打牆，要我們上高速公路。(導航設置請翻閱P188)

大部分高速公路採用
計程收費唷！

日本高速公路收費，大致上分為「區間收費」以及「計程收費」兩個方式。會採取區間收費的幾乎都是城市型高架道路，而大部分高速公路則為計程收費。日本計程收費方式是一開始要上高速的時候，會有兩個車道可以選擇，一個是ETC車道，另一個是一般車道，如果沒有ETC卡，就走這一邊。

ETC車道與一般車道

公車優先道要讓公車先行

在日本的城市裡開車的話，常常會遇到有公車優先道的情況，通常公車優先道會是在最外側的車道，限制時間通常為8～20時，在期間內並非完全不得駛入優先道，而是如果後方有公車接近時，就必須駛出，讓公車先行。

圖片來源：www.mlit.go.jp/road/sign/sign/index.htm

日本交通號誌

 最高速限

 禁止停車，
可臨時停車
上面數字表示禁止的時間帶

 大貨車等車輛
最高速限
其他車輛則遵循一般道路速限

 禁止停車，臨時停車
需留路面6m寬
以車門到路面另一端的來計算

 最低速限

 禁止臨停、停車

 禁止進入
通常另一側為單行道

 指定時間內
可停車60分鐘

 人車禁止通行

 慢行

 四輪車輛禁止通行
行人、機踏車可通行

 車輛完全停止
車輛應完全停止至少3秒。有看到一定要停下來。沒停的話如果出車禍，會需要負完全的肇事責任

上路前最好看過一遍唷！

停止線
紅綠燈前有時會有，
停車時不可超線

車輛完全停止
不可切入對向車道，但可以迴轉
(如果想前往右側店家時要注意，
不可以從有此標示的路段切入)

市區道路指示
上面數字表示禁止的時間帶

禁止迴轉
不可迴轉，但可以切入對向車道

國道標示
日本國道不是高速公路的意思，
比較類似我們的省道

禁止占用
右側車道超車
沒超線的情況下可以超車

縣道標示

禁止超車

高速公路入口指示

公車優先道
沒公車時可以駛入

高速公路入口指示

公車專用道
不可駛入

休息站指示

依規定車道行駛

 依規定方向行駛

 依規定方向行駛

 依規定方向行駛

 車輛專用道

 行人專用道

 小心動物

 小心側方強風

 小心落石

 小心路滑

 前方平交道

 前方T字路口

 前方十字路口

 前方圓環

駕駛新手標示
法律規定剛獲得駕照一年內的新手,需在車後方貼上此貼紙,如果看到前車有此標誌,請特別小心

高齡駕駛標示
如果駕駛為高齡者,則需要在車後方貼上此貼紙,如果看到前車有此標誌,請特別小心

日本地面標示

人行道標線
禁止停車及臨停

人行道標線
禁止停車，可臨時停車

最高速限

禁止迴轉

立入り禁止部分

禁止進入
車輛不可進入此區域

禁止停止
車輛不可停於此區域，
包含停紅燈的時候

限制結束
不管是速限還是其他
禁止標示，在此標示後
結束禁止事項

車輛完全停止
車輛應完全停止至少3秒。有看到
一定要停在停止線。沒停的話如果
出車禍，會需要負完全的肇事責任

路側帶標線
1.白線內行人、輕車輛可通行
2.白線至道路左側的距離達0.75m
　以上時，車輛可停放於路邊
3.路側帶僅設置於沒有人行道的
　地方

路側帶標線
1.白線內行人、輕車輛可通行
2.車輛不可停放於路邊

路側帶標線
1.白線內僅行人可通行
2.車輛不可停放於路邊

禁止超車時占用右側車道
黃線或雙黃線皆不可
占用

變換車道規定
行駛於白線車道時可
變換至白線或黃線車
道，但行駛於黃線車
道時不可變換車道

交通規則

如果違規是要被處罰的！

在日本開車一定要特別注意遵守交通規則，一開始不熟悉的時候，確實是很有可能不小心違反規定，但在安全的前提之下，應該是沒有關係。但最怕就是在慢慢開始熟悉之後，把在台灣開車的一些壞習慣，又帶到日本去。像是不打方向燈、任意變換車道、行至路口未依規定減速等等。真的要提醒大家，車子雖然有保險，但萬一出了事，不但行程會受到影響，生命安全也有危險，且我們也可能會讓在地人覺得台灣人開車不守規矩，有損國際形象。因此希望我們大家還是要多遵守交通規則，來不及就別硬闖，慢一點總比到不了好多了！

*1 駕照點數
日本的駕照是有點數，每種違規都會扣點數，扣到一定點數會吊扣或吊銷駕照。

*2 起訴
註明為「起訴」的項目，是比較嚴重的違規，需要由簡易裁判庭來決定罰金的多寡。

日本交通違規處罰(日圓)

小客車罰鍰	機車罰鍰
使用行動電話	
6,000	6,000
使用行動電話，造成危險	
9,000	7,000
違規行駛公車專用道	
6,000	6,000
轉彎插隊	
6,000	6,000
違反最低速限	
6,000	6,000
未依規定使用兒童座椅	
0	0
無罰鍰，扣駕照點數(*1)	
未繫安全帶	
0	0
無罰鍰，扣駕照點數	
超載	
6,000	6,000
妨害交通優先車輛(救護車等)	
6,000	6,000
未保持安全距離	
6,000	6,000

	小客車罰鍰	機車罰鍰
未依規定慢行	7,000	6,000
未依規定暫時停車	7,000	6,000
平交道前未停車	9,000	7,000
未禮讓斑馬線行人	9,000	7,000
違規超車	9,000	7,000
闖紅燈	9,000	7,000
違規停車(禁止停車地點) 類似台灣黃線地點	15,000	9,000
違規停車(禁止臨停地點) 類似台灣紅線地點	18,000	10,000
酒後駕車	起訴(*2)(50萬日圓以下罰金)	
酒醉駕車	逮捕(100萬日圓以下罰金)	

超速也要處罰

超速公里數	小客車罰鍰 (日圓)	機車罰鍰 (日圓)
未滿15km	9,000	7,000
超過15km 未滿20km	12,000	9,000
超過20km 未滿25km	15,000	12,000
超過25km 未滿30km	18,000	15,000
超過30km 未滿35km	25,000	20,000
超過35km 未滿40km (行駛高速公路時罰鍰)	起訴 (35,000)	起訴 (30,000)
超過40km	起訴	起訴

註：超過一定公里數的超速罰金，就會被起訴，將經由簡易裁判庭決定罰金多寡，通常為8～10萬日圓。

停車不能停太久！？

若把車子停放路邊太久，可能會觸犯稱為「保管場所法違反」的規定，如果發生以下情況，將被處於20萬日圓以下罰金，還可能留下前科。

❶ 將車輛停放於道路上同一地點，逾12小時。

❷ 夜間將車輛停放於道路上同一地點，逾8小時。

就算是可以停車的地方，但如果違反了上述規定，還是會被罰錢的，請務必小心。此法主要是為了管制路上棄置車輛問題，所以在日本一定要有固定停車位，不然隨便停放可是會犯法的。

其他特別服務

可別漏了任何優惠訊息

優惠票券

> 比網路更優惠!

觀光地的租車公司,通常都會提供觀光景點優惠門票,如果可以事先在這些地方購買,就多少可以省下一些費用,而且通常會比在網路下載的折價券還優惠,所以請盡量使用。除了景點之外,租車公司也常常會跟在地的餐廳、商家做策略聯盟。通常有這種優惠的租車公司,會提供給我們一份地圖,而地圖上就會有相關的優惠說明,如果持有地圖到指定的場所消費,就可以享有折扣。這種策略聯盟方式,通常都是一般租車公司才會有,廉價租車公司則很少見此類服務。

在租車櫃檯買打折入場券

提供小孩遊樂區的租車公司

寄物服務

> 寄放後,再輕輕鬆鬆 Shopping去~

還車之後的寄物服務,很多租車公司都有提供,但這種寄物服務是無法過夜的。如果還車之後,還有時間想在附近購物,就可以把行李先寄放在租車公司。少了大行李,逛街購物起來當然是輕便許多。而購物回來之後再請租車公司送我們到機場,這種方式也是可行的。當然這種方式比較特別,需要事先跟租車公司說明,也是屬於「有講有機會」,我覺得租車公司對於外國人利用者都蠻親切的,請不用客氣,多嘗試交涉吧!

宅配服務

> 行李直接寄到下一目的地

有些租車公司還有提供郵件寄送的服務,如果是基於多重行程設計,不想在車上放大行李,或者剛好放不下行李。也可以利用此服務將大行李箱事先寄到機場或是下一站的飯店。

實用APP介紹

隨時都有好用的資訊在身邊

JALAN (ANDROID、iOS共通)

日本綜合訂房、訂車網站所出的APP，加入會員之後，就可以利用此APP訂房、訂車。建議使用前先用電腦加入會員，把主要資訊先輸入，再用APP會比較順手。出發前可用來訂房間，因為此網站對於旅館資訊會比其他網站更完整，特別是停車場資訊都寫得很清楚，所以很推薦。訂房後萬一如果發生特殊情況無法前往，記得一定要事先取消，訂房時上面都會提到取消的規定，請務必詳讀。

準備前往旅館時，可用「*予約中のホテルを確認する」功能查看房間基本資訊，上面也有訂房序號跟價錢等等方便核對，到旅館的時候只要出示此頁面給櫃檯人員看，就能順利進行Check-in手續。如果沒事先訂好房間，可以用「今夜の宿から探す」功能，尋找距離目前所在位置較近的合適旅館。

功能主選單

旅館資訊好完整！

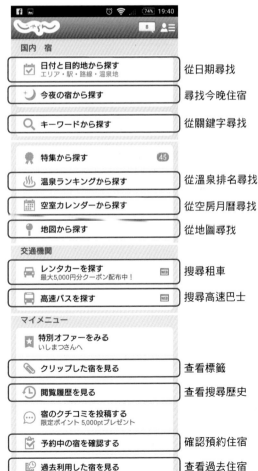

從日期尋找

尋找今晚住宿

從關鍵字尋找

從溫泉排名尋找

從空房月曆尋找

從地圖尋找

搜尋租車

搜尋高速巴士

查看標籤

查看搜尋歷史

確認預約住宿

查看過去住宿

①輸入住宿條件

在**P165**的功能主選單中點選後，輸入搜尋條件。

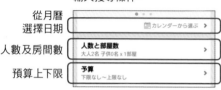

- 從月曆選擇日期
- 人數及房間數
- 預算上下限

②挑選合適房間

- 從地圖尋找
- 點擊看詳細資訊
- 各種排序方式

③查詢住宿方案

- 加入書籤
- 查看地圖
- 旅館資訊
- 住宿方案
  - 房型
  - 餐食
  - 禁菸房

④點選預約

⑤登入會員

- 輸入帳號密碼

⑥輸入住宿者資料

- 入住日期
- 入住預計時間
- 輸入漢字姓名
- 輸入片假名姓名
- 輸入聯絡資訊
- 下一步：付款資訊

⑦輸入結帳資料

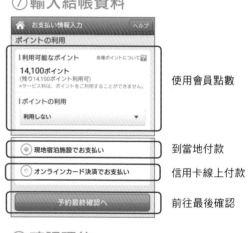

- 使用會員點數
- 到當地付款
- 信用卡線上付款
- 前往最後確認

⑧確認預約

- 確認預約

*如何查看預約資訊？

在**P165**功能主選單中點選「予約中のホテルを確認する。

- 預約編號
- 住宿總價

楽天トラベル (ANDROID、iOS共通)

好用！
優惠又多！

日本綜合訂房、訂車網站所出的APP，加入會員之後，就可以利用此APP訂房、訂車。一樣建議使用前先用電腦加入會員，把主要資訊先輸入，再用APP會比較順手。特別推薦訂車子的功能，比電腦版用起來還快速且方便。

①APP主選單

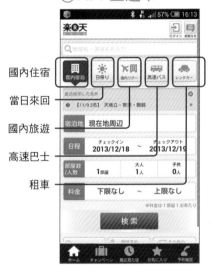

國內住宿
當日來回
國內旅遊
高速巴士
租車

②租車主選單

從地區搜尋
從機場搜尋
租借日期
還車日期
租借場所
還車到借出店鋪
甲地借乙地還(地區)
甲地借乙地還(機場)

還車場所

③租車方案資訊

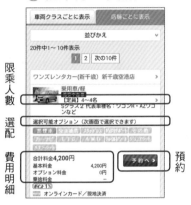

限乘人數
選配
費用明細
預約

④配件選單

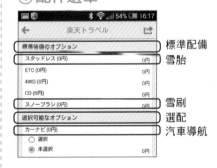

標準配備
雪胎
雪刷
選配
汽車導航

⑤輸入會員資訊，完成預約

帳號
密碼
登入

ウェザーニューズタッチ (ANDROID、iOS共通)

 天氣預報的APP，可顯示以1小時為單位的天氣預報資訊，另外也有一週內的天氣預報，旅行時天氣資訊非常重要，有此APP就能隨時掌握。

①主畫面

點擊各區域可看區域地圖

②地區預報主畫面

點選城市，可看更詳細資訊

③單一城市預報主畫面

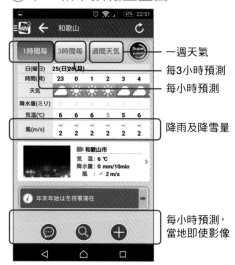

一週天氣

每3小時預測

每小時預測

降雨及降雪量

每小時預測，當地即使影像

---

*日本的天氣預報準確性很高哦！

日本的天氣預報基本上都滿準的，特別是當天或隔天的預測，可信度很高。自駕旅行能否安全、盡興，畢竟是很受天氣影響的，所以不管是旅行之前或是旅行途中，一定要特別關注天氣的變化。

食べログ (ANDROID、iOS共通)

> 日本最大的美食口碑網站

　　日本最大的美食口碑網站所出的APP，可隨時搜尋附近的餐廳資訊。也可以分門別類來尋找餐廳，非常方便。每個餐廳都有網友投稿的口碑意見，以及詳細營業資訊等等，是自助旅行者非常重要的資訊來源。且非常推薦「地圖搜尋功能」，會在地圖上顯示餐廳，且會把口碑好的餐廳用不同顏色顯示，畢竟久久來一趟，總是希望吃到一些比較特別，或比較多人推薦的美食。如果有準備行動網路，就可以把找到的餐廳標在地圖上，然後利用手機的導航功能指引路線，包準不迷路，非常便利！

①主選單

搜尋
主頁面

從現在地
搜尋

②選擇細項

設定地點

搜尋關鍵字

確認空未及定位

設定預算

設定營業時間

各種特殊需求

從場面選擇

搜尋

設定飲料
需求

設定空間
需求

③搜尋結果

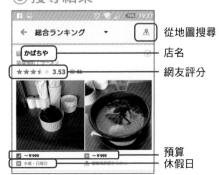

從地圖搜尋

店名

網友評分

預算

休假日

④ 地圖查詢結果

黃色為3.0～
3.4分餐廳

橘色為3.5～
3.9分餐廳

紅色為4.0分
以上餐廳

⑤ 查看餐廳資訊

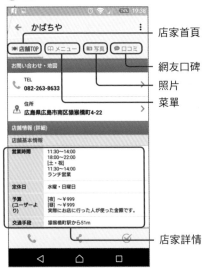

店家首頁

網友口碑

照片

菜單

店家詳情

隨時換算台幣金額

銀行即時匯率
(ANDROID專用)

　可隨時查詢目前匯率的APP，基本上都是以台灣銀行的為準，如果沒有外幣帳戶，就是以「現鈔」的匯率為主。點選幣別之後，會出現計算功能，可以簡單換算成台幣金額，才不會花外幣沒感覺，造成透支。

① 銀行匯率主畫面

點選現鈔

點選可進入
試算功能

以現鈔賣出
為參考值

② 試算功能畫面

點選套用賣出

輸入日幣金額

換算台幣金額

夜景ワールド (ANDROID専用)

> 評分好的日本夜景大全！

是一個網羅全日本熱門夜景資訊的APP，規畫行程時，不妨可以先查看看旅遊目標附近有沒有夜景的點，如果不是很遠，就可以先排進去，到時候依照天氣情況，再決定是否要去。夜景資訊中都有照片，也有幫我們評好分，所以如果是分數不錯的點就在附近，那可不要錯過了。且此APP還很貼心的提供山路所需要的駕駛技術，如果對自己駕駛技術不是很有自信，那還是盡量選擇「初心者」的景點。有自信的朋友，就可以考慮「上級者」的景點。

① 主選單

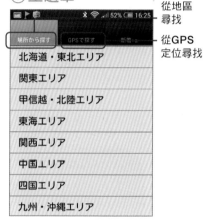

從地區尋找

從GPS定位尋找

② 搜尋結果列表

地名及地址

景色分數

氣氛

駕駛技術

③ 查看景點資訊

景點資訊中都有地址跟GPS座標，座標可用來輸入導航系統。

地址

GPS座標

門票

是否需要下車

下車後要走多久

最佳觀賞時間

景觀解說

自駕遊必備配件介紹

UP！提升旅程的舒適＆便利性！

擴充點煙器

> 供其他配件的電源使用

車內很多配件，都會利用到點煙器的電源，但原本只有一個孔，所以為了提供其他配件電源，一定要準備擴充點煙器。市面上有很多雙孔、三孔的擴充點煙器，也有搭配USB電源的產品。配件可以提昇旅遊的舒適度與便利性，請務必要準備！

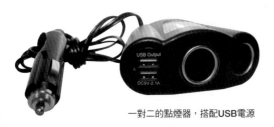

一對二的點煙器，搭配USB電源

此類外掛式的導航，會占用點煙器

點煙器USB電源

> 擔心手機沒電時～必備！

現在很多人都是智慧型手機、平板電腦不離身，去哪都要拍照、打卡，或是要開個FB來分享旅遊的喜悅，又或者會需要手機來定位、查地圖。對於這些手機重度用戶來說，最大的恐怖，我想就是「手機沒電」這件事情了。如果善用每日在車上的時間來充電，就能確保手機一整天都有電了。

手機沒電就會焦慮的人必備！

> 讓整車都充滿了音樂～必備！

車用MP3轉換器

在台灣開車的時候，也許大家會習慣聽廣播來排解一些開車的壓力，聽人講話可能也比較不會想睡覺，但在日本如果聽廣播的話，理所當然是全日文的啊！如果不是想練日文聽力的話，建議還是準備一下旅途中想聽的音樂，或是相聲之類的。除了能驅走駕駛的疲勞之外，還能有效減少車內冷場機會。車內雖然通常也有CD音響，但萬一沒有的話不就白帶了，所以還是建議帶MP3比較省空間。

司漫遊上網之外，現在也有公司專門出租可在日本行動上網的分享器。大部分的機器，都能一次分給10台裝置使用，也就是說只要租一台，全車人都能一起上網。這種行動上網分享器，在桃園機場就有櫃檯可以申借，目前主流商品都是一日299日圓，若事先在網路上預約，還有優惠方案。有了行動網路，就能隨時變更行程，或找尋新點。也能使用手機的導航功能，以預防車子的導航圖資沒有更新了！要享受一趟有科技後援的自駕旅行，行動網路確實是挺需要的。

把MP3裝在記憶卡或隨身碟，插上就能播放

網路時代～大推薦！

行動上網分享器

現在出國上網使用行動上網服務的情況，已經越來越普遍了，除了使用電信公

保護自己和記錄美景～推薦！

行車紀錄器

現在國內越來越多人會在房車加裝行車紀錄器，主要是用於保護自己，萬一發生事故時，可以作為證據。當然如果我們如果帶去日本租車上用，也能發揮同樣的效果。不過其實還有另一個目的，那就是能記錄沿途的美景，畢竟駕駛座看到的景色，可是特別寬廣而美麗的。特別是冬季雪景或是櫻花季的自駕遊，如果錄一段回來，真的會回味無窮呢！

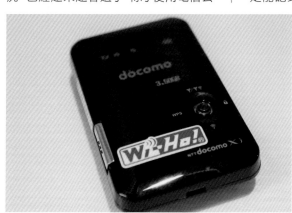

行動上網分享器，可分給
10台裝置同時上網

Mr. Car
接見車先生

準備過程中，不斷燃燒著冒險之魂的熱度，
當飛行機落在日本的土地上時，
一場華麗的冒險即將展開……
首先，接見此次旅行最重要的夥伴——車先生，
因為它將與你一起實踐新世界的冒險旅程！

前往租車公司

沖繩OTS租車櫃檯非常大，
可以同時作業減少等待時間

北海道的廉價租車公司「QUICK」
位於鄰近機場的千歲市

領行李時，就能打電話請
租車公司來接送囉！

通常這種需要接送的公司，我們可以在提領行李時，就先打電話給店家，跟他們說可以過來接送了。對於具有日文能力的旅人來說，當然不會是什麼問題，但如果對於不懂日文的話，就是一個很大的障礙。當然可以用英文溝通，但如果不巧遇到英文無法溝通的店家，就非常麻煩了。有人說可以請朋友代打日文電話，但感覺非常不順暢。所以還是建議大家如果日文不通，盡量選擇會英文的公司，又或者是學一點點簡單的日文來應對。

來接送的通常是10人座的廂型車

面對空無一人的櫃檯，
打個電話是必需的！

有些機場的出境大廳，是有租車公司櫃檯的。原則上我們是可以到櫃檯，然後表明來意或出示預約單，他們就會派人來

如果我們到大部分的租車公司網站上來尋找分店，都會有像是「○○空港店」這種位於機場的分店，但可別以為就一定是在機場的正旁邊，有時候考量到機場的腹地不夠，無法讓多數的租車業者進駐。這種情況下，租車業者會把分店設置在機場附近的區域，然後用接駁巴士或是專車接送的方式，載客人過去辦理租車手續。聽起來好像沒什麼差別，但其實就有幾點要注意了。

接送了。但要注意的是，有的時候他們為了節省人力，機場櫃檯也不一定每個時段都有人在，所以基本上還是必須打這個電話。

仙台機場的租車櫃檯，放眼望去皆無人。

分兩趟接送時，記得先把司機送去以節省時間

有的租車公司並沒有中巴以上的車輛來接送，如果剛好旅行人數比較多的時候，加上大家行李又滿大件的，就有可能需要分成兩趟來接送。雖然不會是什麼大問題，就是需要多等一趟接送的時間，這時候請注意，有打算駕車的司機一定要先搭第一趟去辦手續，才不致於拖太久的時間。

有些租車公司還有大型公車接送。

日本國際機場幾乎都有接送唷！

機場名	需要接送與否
北海道新千歲機場	需要
北海道旭川機場	需要
北海道帶廣機場	需要
北海道釧路機場	需要
北海道函館機場	需要
東北仙台機場	需要
東京成田機場	需要
東京羽田機場	需要
名古屋中部國際機場	不需要
關西國際機場	不需要
金澤小松機場	需要
廣島機場	需要
四國香川機場	需要
九州福岡機場	需要
沖繩那霸機場	需要
石垣島國際機場	需要

從上表可以得知，絕大多數的機場實際上交車地點都是在機場之外，有的機場就設在跑道對面而已，也有開車需要將近10分鐘的。至於我表中提到不需要專車接送的機場，是指說大部分的租車公司有把交車地點設在機場裡，但這並不表示所有租車公司皆是如此，所以我們在選擇租車公司的時候，還得把這一點考慮進去才行。

酒雄の豆知識 聯絡租車公司接送日文範例

*○○填入自己的名字。

(日) レンタカーを予約した*○○です。
(中) 我是有預約租車的○○。
(拼) REN TA KAA WO YO YA KU SI TA ○○ DE SU

(日) 今、空港(国際線)に着きました。
(中) 我現在到機場（國際線）了
(拼) I MA KUU KOU (KO KU SA I SEN)NI TSU KI MA SI TA

(日) 送迎をお願いしたいです。
(中) 想麻煩你們接送。
(拼) SOU GEI WO O NE GA I SI TA I DE SU

也可簡化成以下：
(日) 予約した○○です。
(中) 我是有預約的○○。
(拼) YO YA KU SI TA ○○ DE SU

(日) 今、(国際線)着きました。
(中) 我到（國際線）了。
(拼) I MA (KO KU SA I SEN) NI TSU KI MA SI TA

Tips

不是機場分店，不一定有免費接送喲！

如果不是機場的分店，就不一定會提供免費接送的服務，這時就要看網頁上提供的交通方式前往。這些相關的條件，應該要在預約的時候就要看清楚，以免到時候搞不清楚狀況。

接見手續＆貼心提醒
一步一步邁入新旅程！

手續耗時，拿出你的超忍力！

櫃檯手續其實比我們想像的還要多，所以交車所需要的時間，通常不會太快，原則上抓1小時左右是比較妥當的，在行程規畫的時候，可千萬不要把這段時間估算的太短喔。

務必記住預約時的駕駛名與號碼！

一般我們到達租車櫃檯之後，就是先表明租車者的姓名，他們就會拿出資料來辦理手續。原則上人部分租車公司是以駕駛的姓名為主，如果預約者跟駕駛者不同人的話，通常他們會是使用預約時所填表單中「駕駛」的名字。當然你也可以拿出當初預約成功後，系統所寄發的Mail內容，上面都會有預約號碼，可以作為確認之用。

駕駛人，請交出所有相關文件！

接下來他們會請我們拿出駕照譯本、駕照正本以及護照。請注意所有打算要駕駛車輛的人，皆應提供證件。如果這時沒提供給租車公司備查，而後其他人駕駛車輛發生事故，就算持有駕照日文譯本，保險可是會失效的，這一點請務必注意。他們會把相關證件拿去影印並留存，然後會在合約上寫下聯絡資料等。

安全第一

這時候租車公司會針對保險、免責補償制度進行說明，如果該公司還有提供更多的保障，就會

圖為函館SKY租車公司櫃檯

在這個時候詢問是否加入。我還是建議，如果有任何可以加入的保險，就盡量都加入，比較有保障，畢竟出來玩是安全第一。(保險內容詳見P132)再來就是還車地點及還車之前加油站的說明，特別是機場內的分店，位置會比較複雜一點，租車公司通常都會提供局部的地圖資訊給我們參考。

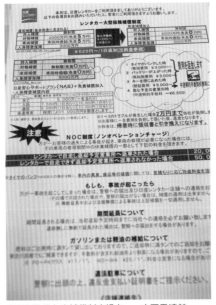

有關保險及免責補償制度規定，一定要弄清楚

局部地圖，用來讓我們了解還車時要怎麼走

交車了，現場流程呈現！

接下來他們帶我們到停車場，來進行交車手續。工作人員會帶我們繞車子一圈，詳細檢查車子既有的傷痕，看完如果沒什麼問題，就會要我們在車輛檢查表上簽名，以表示確認。車輛檢查表會跟車子的重要資訊放在一個小冊子中，需要於還車時交還，所以建議放在車上，以防弄丟。我們坐上車之後，店員會詢問是否熟悉導航及車子的各項操作，如果是第一次開的車型，請務必一定要聽取說明，畢竟後來幾天都需要靠導航幫忙，萬一不太會操作的話可就糟糕了。我們也可以請他們幫我們設好第一個目的地。

店員帶我們檢查車輛

車輛檢查表，檢查完之後會要我們在上面簽名

租借時，先拍照證明你的清白！

酒雄の豆知識

因為廉價租車公司比較會在意小擦傷，萬一在交車手續巡車的時候沒有記錄到，很可能會在還車的時候，被要求要賠償。因此建議巡車時，可把明顯的傷痕先拍照起來。當然並非廉價租車公司就一定如此，只是因為各家公司的標準實在是很差很多，所以保險起見，建議還是拍一下比較安心。

智慧型鑰匙的車款，鑰匙要放在靠近方向盤的地方

智慧型鑰匙的車款，開關引擎用按鈕

挑選各式配件

事先選定使旅程更加便利

各式配件一覽

要好好愛惜唷！

我們在租車公司櫃檯時，也可以跟他們租借配件、設備等等，其中有些會需要額外費用。另外在特定地區配合特定期間，還能辦理優惠，事先得知這些資訊，就能讓我們的自駕遊更加盡善盡美。部分配件雖然說是免費，可千萬一定要確實交還並好好愛惜使用，以免壞了我們台灣旅客的名聲。

冬天時除雪道具真是超重要

中文名稱 日文名稱	費用(各家規定 不一，僅作參考)	備註 (各家規定不一，僅作參考)
嬰兒安全座椅 乳児用チャイルドシート	540円/3日	身高100cm以下，體重9kg以下嬰兒。約出生後9個月
幼兒安全座椅 幼児用チャイルドシート	540円/3日	身高100cm以下，體重9～18kg幼兒。約出生後9個月～4歲
兒童安全座椅 ジュニアシート	540円/3日	身高100～135cm，體重15～32kg兒童。約4歲～10歲
導航系統 カーナビ	免費	通常為標準配備
ETC裝置 ETC車載器	免費	通常為標準配備
ETC卡 ETCカード	免費	僅有部分租車公司有提供出借
雪鏈 タイヤチェーン	1,620円/1次	建議事先預約
雪陸兩用胎 スタッドレスタイヤ	1,620円/1日	建議事先預約，冬季部分地區為標準配備
平面棧板推車 平坦台車	756円/1次	採買專用
藍色地墊 ブルーシート	540円/1次	原為貨車遮蓋貨物使用，也可拿來當成賞櫻地墊
雨傘 傘	免費	並非每家公司皆有提供，請現場詢問
除雪道具 スノーブラシ	免費	並非每家公司皆有提供，請現場詢問
點煙器車充 インバーター	540円/1次	建議自行攜帶
車用MP3轉播器 FMトランスミッター	540円/1次	建議自行攜帶

EXPRESSWAY PASS

　由日本高速公路公司NEXCO各分公司所推出，針對訪日外國人旅客專用的優惠方案。簡單說，是能申請一張ETC卡，期間內可無限次使用高速公路，費用則是根據申請時指定的天數，隨天數不同，優惠幅度也會不同。天數越多，一天的費用越便宜。目前類似的優惠，共分成3個區域：北海道Hokkaido Expressway

Pass(HEP)、中部地區Central Nippon Expressway Pass(CEP)、九州Kyushu Expressway Pass(CEP)，這些都屬適合自駕的旅遊區域。但通常也有幾點限制：

❶ 設定好的期間不可延長，就算提早歸還也不會退費。

❷ 在特定的租車公司分店才有提供。

❸ 超過優惠範圍時，需另外支付費用。

❹ 優惠ETC卡有數量限制，有可能會租不到。

HEP www.driveplaza.com/trip/drawari/hokkaido_expass/tw.html

CEP hayatabi.c-nexco.co.jp/cep/tw/service.html

KEP global.w-nexco.co.jp/tw/kep/#Price

TEP

　全名為ToCoo! Expressway Pass Plan，是ToCoo!租車網於特定租車公司提供的高速公路優惠方案，可適用於沖繩及北海道以外的所有高速公路。

TEP www2.tocoo.jp/cn/campaign/index?campaign_id=964

Tips
該不該申請各種EP(EXPRESSWAY PASS)？

因為各種EP都是設定為連續期間，如果使用高速公路的期間是密集連續的話，那你就很適合使用這類的方案。但如果你的旅行是有時走高速公路，有時也喜歡走平路慢慢玩的話，那使用EP就不見得會比較省錢。

車輛行駛中～

雙手緊握方向盤的此刻，
你已經行駛在充滿各種可能的冒險之路上……
現在，你與車先生可是同一國了，
車先生的食衣住行就麻煩你多擔待，

由於你細心的照料，
車先生將以一趟愉快又舒適旅程報答你的恩情，
並暗暗懷念著那個來自溫暖小島的流浪旅人。

和導航系統做朋友

出外靠導航，玩遍全日本

向日本導航的準確度敬禮！

不知道大家有沒有在台灣使用導航，把我們帶到奇怪的橋中央，然後導航就若無其事的說：「已到達目的地。」的尷尬經驗呢？這時真的有種被耍了的感覺，還想說到底是抵達哪裡了？或者明明有大條的路可走，可以導航卻偏偏要帶我們走那種偏僻的巷道，根本就是考駕照嘛！其實我第一次嘗試自駕之前，心中也是充滿了擔心，深怕會迷路就糗大了。不過因為當時想去的地方，真的沒有別種大眾交通方式可以抵達，又不想花大錢包計程車，所以就鼓起勇氣把車子租下去了。第一次租車雖然有點緊張，但我最擔心的迷路，並沒有發生。我不得不說，日本的導航系統真的又準確又方便！只要輸入正確的資訊，就一定可以幫我們帶到定位。

導航的基本畫面，就是沿著綠色的線來行駛，轉彎前會提示語音

行駛於複雜的大馬路時，導航會顯示立體畫面

導航面板大解析

底下介紹幾款導航的面板及按鍵，各家雖略有不同，但其實是大同小異。

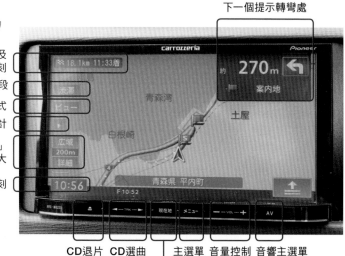

最普遍的導航系統

下一個提示轉彎處

剩餘公里數及預測抵達時刻

顯示塞車路段

變更顯示模式

指北針

地圖比例尺，「廣域」為縮小，「詳細」為放大

現在時刻

CD退片　CD選曲　主選單　音量控制　音響主選單

顯示現在地，或返回語音導航

休旅車常見的導航系統

行駛車道指引　目前時刻　剩餘公里數及預測抵達時刻

更新圖資

地圖選單

地圖比例尺，點選之後可放大縮小

決定，左右旋轉可控制地圖比例尺

道路資訊

連接客服(需連接手機)

顯示溫度、燃料各種資訊

設定

車四周攝影機畫面

路徑選擇

景點介紹　返回　顯示現在地，或回到語音導航

顯示目的地

立刻來設置導航吧！

導航的設置方式雖然因車型會有所不同，但大致上大同小異，首先要找到「目的地」的按鈕(有些車款會標示為「メニュー(Menu)」)，如果找不太到，可以在交車時先請租車公司人員示範一次。

> ■ *地名
> 括號內為中文翻譯
>
> *MAPCODE
> 「MAPCODE」或「マップコード」是日本DENSO公司的註冊商標

圖解導航設置　特推！使用電話號碼方式！

日本導航大致上以「名稱(*地名)」「住所(住址)」「電話番号(電話)」「周辺施設(附近設施)」「履歴or探した場所(搜尋履歷)」等等方式為主，其他還有像是「マップコード(*MAPCODE)」「経度緯度(經緯度)」等方式。我是推薦大家先以「電話番号」為主，萬一想去的地方沒有搜尋到的話，再使用「名稱」或是「住所」來搜尋。當然如果真的很擔心找不到，那「経度緯度」也是可行的辦法。

STEP 1　導航畫面主選單

返回自家
(自家位置需事先設定)

從登錄地點尋找
(需事先登錄地點)

從搜尋歷史尋找

從名稱尋找

從地址尋找

從電話號碼尋找

尋找鄰近設施

從類別尋找

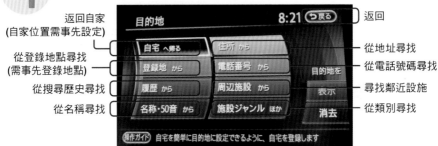

Tips

另一款導航的操作方式

另一款導航畫面，先按下面實體按鍵的「メニュー」，然後選擇「お出かけメニュー」之後，才會進入到選擇搜尋主畫面。

② 搜尋主畫面第一頁

從名稱尋找

從電話尋找

周邊設施

下一頁
(有GPS等其它項目)

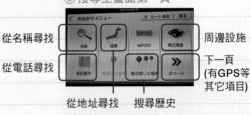

從地址尋找　搜尋歷史

① 主選單

主選單

選擇語言

回復原廠設定

簡易選單

返回

設定

③ 搜尋主畫面第二頁

和導航系統做朋友，出外靠導航，玩遍全日本

STEP 2 輸入電話號碼

記得最前面的縣號「06」也必須要輸入。好了就按「檢索」。

STEP 3 選擇目的地

STEP 4 選擇入口

有的導航會更親切的讓我們選擇正門或是停車場。

STEP 5 路徑選擇

如果確定了就按「開始導航」，如果不想走收費路段，可點選「選擇其他路徑」。

目的地名稱

目前選擇的路徑 — 有料優先
開始導航 — ガイド開始
選擇其他路徑 — 他のルートを選ぶ
確認路線、追加目的地 — ルートの確認・追加
顯示目的地資訊 — 目的地情報・登録
確認位置及修正 — 位置の確認・修正

STEP6 各種路徑搜尋結果

一般建議「有料優先(收費路段優先)」，但如果時間充裕想悠閒漫遊的話，也可以選擇「一般優先(一般路段優先)」。

STEP7 路徑資訊

選好之後可以詳查路線資訊，也可以在此畫面時追加次要目的地。

路徑資訊　　路徑試走　　修正收費路段區間

追加目的地

地圖微調　　登錄目前路徑　　主要收費路段資訊

STEP8 追加目的地

一樣也可以從各種方式搜尋目的地。都決定好了之後請選擇「ガイド開始(導航開始)」。

路線要怎麼選擇才好哩？

酒雄の豆知識　　選選看！

有料優先
以收費道路優先，如果要趕路，或者移動距離比較長的時候，就建議選擇此路線，會自動搜尋最接近的高速公路入口。

有料(料金考慮)
跟「有料優先」一樣是以收費道路為主，但會盡量幫忙節省過路費，如果導航有此功能的話，建議可以點選看看所需時間跟價格的差別，參考之後再決定。

一般優先
以一般道路優先，會盡量避免走收費道路，如果不趕時間，或想欣賞沿路風景，建議可選擇此路徑。

距離優先
以最短距離來規劃路徑，短程的時候建議可以使用。可能會帶我們走非常狹窄的路。

時間優先
綜合考量各種路徑所需時間，原則上跟「有料優先」不會差太多。

路幅優先
部分導航有此功能，如果希望走比較寬的道路，可以選擇此路徑。一般是在很鄉下的地方，想避免走田間小路時才推薦使用。

STEP 9 大功告成

準備上路！並請依照實際交通狀況來駕駛喔。

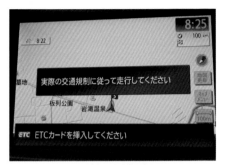

搜尋目的地小提醒

1.電話號碼重複

發現怪怪的就重新搜尋！

有時候數個小景點，會標示為管理單位的電話，或者是商家也有可能使用所謂的「代表號」作為電話號碼。所以在輸入電話號碼後，會出現目的地周邊的地圖，這時候務必要再三確認地點是否正確，如果覺得怪怪的話，請務必重新使用地址或名稱再搜尋一次，不然可能會去到全然未知的領域啊。

2.電話號碼未登錄

也是有例外的～

主要景點當然是一定會有登錄的，但如果是小小的景點，或新開的店家，就有可能會因為沒有登錄而搜尋不到，就必須使用其他方式來搜尋了。

3.名稱及住址輸入

最好先查好讀音！

因為日本地名讀音真的比較困難，特別像沖繩或北海道的地名，甚至是日本人也不太會念。因此有必要事先在台灣時先查好讀音，萬一到時候需要用到時，才不會找不到目的地。

4.經緯度搜尋

不會日文有救了！

既然電話號碼跟地址都有風險，有些人就會順便查好經緯度，精緯度的話就一定沒有問題。事前是比較麻煩，但基本上經緯度就跟商家、景點有沒有登錄沒有關係。以我自己來說，如果是打算使用廉價租車公司時，比較小的景點我就會先查好經緯度(見下頁)。

北海道

長万部	積丹	留萌
おしゃまんべ	しゃこたん	るもい
O SHA MAN BE	SHA KO TAN	RU MO I

沖繩

山原	恩納	今帰仁
やんばる	おんな	なきじん
YAN BA RU	ON NA	NA KI JIN

這要怎麼唸？

好奇怪？

酒雄の豆知識

像這種地名，實在很難想像怎麼念，所以如果要倚賴地名、地址搜尋，還是得先查好讀音才行。

Google Map查詢經緯度

STEP 1 找出景點

按右鍵叫出選單，並點選「這是哪裡？」，畫面就會出現一個綠色標誌。

按右鍵後，點選「這是哪裡？」

STEP 2 鼠標移到綠色標誌處

顯示出經緯度，上面顯示的就是北緯「33.076493」，東經「131.143629」。

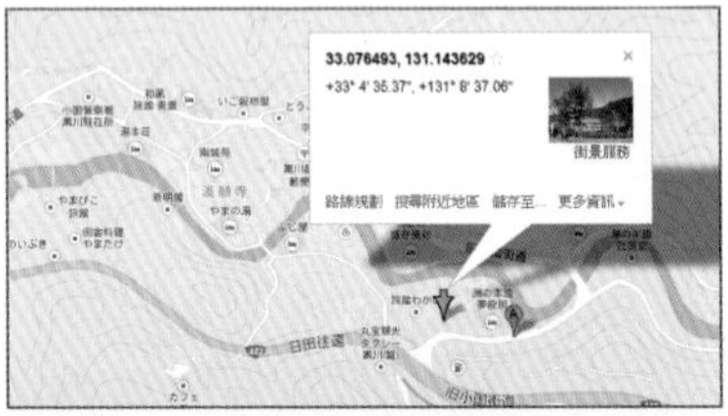

STEP 3 導航輸入

到小數點以下4位數就可以了。

如果沒有換飯店，隔天要回飯店時就能從「搜尋歷史」選擇

倒車輔助畫面的車款，有這個停車時更安心

MAPCODE搜尋法

有提供時可以記下～

MAPCODE是日本DENSO公司所研發，主要是把日本國內的景點、店家、公共設施等在地圖上的位置，建立整合成一個8～14位數的代碼。導航系統只要輸入此代碼，就會迅速找到位置，用以快速搜尋目的地。(MAPCODE教學請見P.139)

事先準備好所有景點的資訊，就能在輸入導航時簡省很多時間

MAPCODE®

「マップコード」及「MAPCODE」為日本(株)デンソー的登錄商標

高速路行駛注意！

一路到底的愉快體驗！

無人的出口一般車道，類似停車場繳費機

行駛高速路小提示

自駕遊的時候，常常有機會走高速公路，基本上高速公路的速限是100km/h，請遵守速限行駛，以策安全。高速公路通常只有兩個車道，一個是左側的「走行車線(行駛車道)」，一個是右側的「追越車線(超車車道)」，如果要超車，請利用超車車道，超完車之後，請回到行駛車道，避免長期占用超車車道。行駛高速公路時，導航會自動切換為高速公路的畫面。

自動切換至高速路的導航畫面

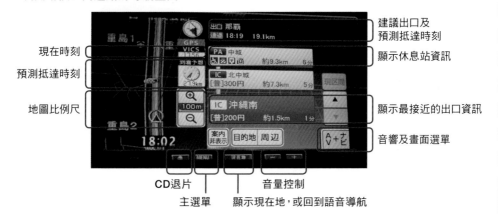

現在時刻

預測抵達時刻

地圖比例尺

建議出口及預測抵達時刻

顯示休息站資訊

顯示最接近的出口資訊

音響及畫面選單

CD退片

音量控制

主選單　　顯示現在地，或回到語音導航

高速路收取票，像購票入場的感覺

收費站前方會顯示所需要的過路費

高速公路入口是自助機器，我們只需要取票就可以了，很類似車場的進場方式。只是不需要自己按按鈕，票會自動吐出來。然後要下交流道時，出口的收費站可能有人，也可能是自助機器。如果是人工收費的，就把票拿給他，前方會有螢幕顯示繳費金額，繳費之後會給我們收據，這樣就完成繳費了。如果是自助的，則需要把票卡跟錢自行放入機器中。

日本停車位好找嗎?

比想像中還容易～

景點專屬停車場通常比較便宜

既然是開車出來玩,當然不得不考慮停車問題,日本鮮少有路邊停車格,大部分都仰賴私人停車場。停車場的密度頗高,就算是擁擠的大城市,在巷弄間稍微繞一下,要找個停車位也不是很困難的事情。

如果是餐廳或店家,常常會有特約停車場,如果消費一定金額可以抵扣

Google Map的街景服務,可幫助我們事先了解停車場的位置

停車費,但就需要事先查好。如果嫌麻煩,也可以到了目的地附近再找停車場即可。而觀光景點的話,則建議可先上官網查詢看看有沒有自己的停車場,因為景點自己的公有停車場通常都比較便宜。也可以利用Google Map的街景服務來確認停車場的入口。若是有事先查好,到時候不致於找不到入口要繞半天。

先開到目的地後,再看看附近的停車場

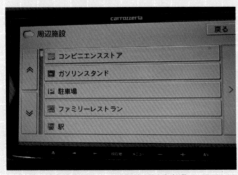

可從導航的「周邊設施」功能尋找鄰近停車場

導航也都配有尋找停車場的功能,不過因為無法即時顯示是否有空位,且還有順路的問題,所以我建議還是先開到目的地附近之後,再自己看看哪邊有停車場,還比較快一點。

台灣也有類似的 無人停車場

　以下介紹日本常見私人停車場的繳費方式，目前此類無人管理的停車場也有引進台灣，所以相信大家不會很陌生。

當車子停入位子，過幾分鐘後，前檔就會彈起。等到付款之後就會自動降下去

停車於住宅區的停車場時，請勿讓引擎空轉，會造成居民空氣污染

停車Step by Step

STEP 1 輸入自己停車位的號碼並按「精算」按鍵，畫面會顯示金額。

STEP 2 如有集點卡，請於此時插入。

STEP 3 投幣或放入紙鈔付款。

STEP 4 如需要收據，請押「領收書」按鈕。

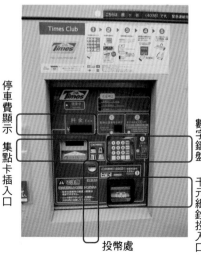

停車費顯示

集點卡插入口

數字鍵盤

千元紙鈔投入口

投幣處

行駛中發生事故怎麼辦?

真人真事現身說法

車子故障了怎麼辦?

STEP 1 馬上確認安全,如果是行進中請打雙黃燈並靠路邊。

STEP 2 檢查車子狀況。

STEP 3 回報出發時的租車公司。

STEP 4 等候租車公司到場處理。

發生事故怎麼辦?

 STEP 1 若有傷者,先幫助傷者,若傷勢看起來嚴重的話,則趕快叫救護車。

 STEP 2 聯絡警察,通報有事故。記得要申請「事故證明」。

 STEP 3 回報出發時的租車公司。

真人真事現身說法

以下案例是訪問了曾在日本出過車禍的朋友,在此特別感謝莊先生的協助。

車禍現場

保險桿凹陷,也無法繼續開了

某日夜間莊先生夫婦行駛於青森七戶市,經過一個十字路口時,遭側面來車撞擊車子後方,造成車子打滑並旋轉所幸人員沒有受傷,下車查看後,發現車子後方保險桿凹陷,但也無法繼續開了。附近居民注意到有車禍,很熱心的前來通報聯繫警察,同時也聯繫了租車公司。

警察來了

前後共有4組員警來做筆錄!

沒多久,警察跟救護車就到場,對方有輕傷所以先行送醫,雙方的汽車保險公司也派人過來。而居民幫忙報案時,就知道是外國人發生車禍,警察也聯繫了「民間

通譯人(口譯)」，前來協助釐清車禍責任，前後
共有4組員警來做筆錄，都是問一模一樣的問
題，只是問法會有些許不同，反覆確認之後，
進行了模擬現場。之後等租車公司派了新的租
車過來，便駕車到警局。

警局問訊
身家調查鉅細靡遺，約4小時後才離開警局

在警局時，警察針對駕駛單獨問話，身家調
查問得非常詳細，前後花了1個多小時，可說
是鉅細靡遺。最後再由一個長官，針對他覺得
有疑慮的部分再行詢問。之後把鑑定報告結
果告訴駕駛，這時候就會知道車禍的責任歸
屬。離開警局的時候，距離發生車禍的時間，
經過了約4個小時之久。

賠償問題
加入「免責補償」，10萬無需支付

莊先生租的是TOYOTA租車公司的車，並且
有加入「免責補償」，所以對物的免責額度10
萬無需支付，不過因為沒有辦法把原先的車
子開回指定的營業所，所以必須支付NOC(營
業損失)5萬日幣。

走到哪、買到哪

走走停停的購物人生

沖繩縣「海の駅あやはし館」。
海中道路的休息站，周圍有美麗的淺灘

休息是為了走更長的路

「適度休息」是享受自駕遊最重要的部份，如果你沒有事先規畫好休息地點，也可以在差不多開了1小時左右之後，就準備休息，如果有看到以下介紹的地點，都是可以休息的地方，也可以順便逛逛買點東西。自駕遊一大樂趣，就是哪邊有美麗的風景，就馬上下車拍照，哪邊發現特色店家，就直接下車體驗。所以不要把行程塞太滿囉。

青森縣「道の駅 なみおかアップルヒル」。附設蘋果園可體驗採收蘋果樂趣，還有好吃的蘋果冰淇淋

公路休息站「道の駅」

日本不只是高速公路有休息站，平面道路也有「道の駅」，基本上會提供餐飲、廁所、休息區等服務之外，常常附設有觀光案內所，可以詢問或索取旅遊資訊。另外還有土產、紀念品的販售。大部分也都有賣冰淇淋，品嚐各地的冰淇淋也是一種旅遊樂趣。

「道の駅」會依照地方特色去設計、陳列商品，也常常會販售當地農產品，我就時常在這些地方買水果。有時候會是很特別的建築物，也有把以前的小學校舍改建而成的。全國各地皆有這種休息站，日本甚至還有地區，會舉辦「收集道の駅蓋章」的活動，有點類似台灣也辦過的319鄉鎮蓋章，集滿一定數量就可以換獎品。走平面道路時，如果有經過，不妨下車逛逛，也許可以買到好東西哦！

參觀各樣的休息站也是種樂趣～

熊本縣「道の駅 小国ゆうステーション」。外觀如圖書館的美麗建築，二樓是觀光案內所

SA(Service Area)

高級豪華休息站！

行駛高速公路的時候，導航就會顯示「出口」以及「休息站」所需的公里數，依照乘客目前需求，選擇合適的休息站下去休息。提醒你，行駛高速公路時，適度休息是非常必要的。

「SA」是「Service Area」的簡稱，就是功能比較完整的休息站，有廁所、加油站、餐飲、土產販售、休息區等等服務。有時候還會有觀景台，可供遊客拍照。

如果是新開幕的休息站，一到假日就會大爆滿，儼然成為一個觀光景點。

PA(Parking Area)

提供基本功能的休息站，一定會有廁所、販賣機的服務。也可能會有商店，或加油站等其他服務。

大津SA可以吃到琵琶湖造型的咖哩飯

SA提供免費的茶水服務，也可用自己的瓶子裝水

SA內的餐飲區，休息站不會比較貴，其中不乏日本節目「黃金傳說」介紹過的美食

新開幕的SA，假日會有驚人的遊客量

PA，僅提供廁所跟販賣機服務

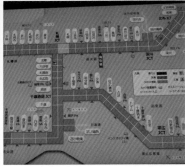

即時資訊動態面板，可掌握高速公路資訊，冬天常發生道路封閉，一定要確認

藥妝店、量販店或購物中心

> 飲料比超商便宜～

日本常常會有大型的藥妝店、量販店或是購物中心，位置通常都是在大路邊，經過時不妨下車去逛逛，至少會有提供公共廁所，而且飲料等也會比超商便宜。如果有購物計畫，也可以事先查好位置排進行程中。或者你是自由派的，就看到什麼就下車吧！

青森「イトーヨーカドー」購物中心，非常好逛，我在這差點把旅費花掉1/3

日本最常見的AEON購物中心，生鮮食品外還有流行服飾、電器及書店等等，也附設有美食街

常見的量販店

電器類 YAMADA、K'S、ヨドバシカメラ、コジマ

藥妝類 ツルハ、マツモトキヨシ、サンドラッグ

百貨類 AEON、イトーヨーカドー

二手書 BOOK OFF

童裝類 西松屋

服飾類 UNIQLO

泡個溫泉吧～

> 享受一段很棒的旅行插曲

若是真的很疲倦的時候，不妨搜尋看看附近有沒有溫泉，下去泡個溫泉再上路，保證體力能大幅恢復。如果遇到臨時大雨，沒地方去的話，就找個溫泉泡，也是很棒的旅行插曲。

佐賀「美人湯」鏡山溫泉，就在公路邊，有經過不妨下去泡澡

青森桑畑溫泉，原本是小學校舍，廢校後改建為溫泉。泡完可以在榻榻米房間稍作休息

還車的注意事項

為旅行畫下完美的句點

還車之前先加滿油

> 不然會被收取高價油費

如之前櫃檯手續時所説的，還車之前必須要把油加滿，不然會以被收取高於市價的油費。所以一定要多留一點加油的時間，建議至少要多留30分鐘，才不會到時候有什麼意外。

還車時間一定要計算好

酒雄の豆知識

精打細算

假設搭14:00 的班機回台，我們用回推的方式設定時間。所以大致上11:00時最好可以去到加油站，會比較安心。

14:00 起飛

12:00 提前兩小時抵達機場

11:30 還車完畢

11:00 加油

怎麼加油？

> 跟台灣沒有什麼不同

跟在台灣加油沒有什麼不同，只需要跟站員説要加油就可以了。不過基本上都是要講日文，所以請大家務必把加油的日文學起來喔！萬一真的記不起來，也可以。

加油時需要用到的日文～

以句子結構來説是(汽油種類)(加多少)，所以如果是還車前，通常是這樣説：

> レギュラー、満タン
> Regular　　加滿

（用手機拍下此頁面，提供給站員看看。）

日文讀音

一般的車子都是加「レギュラー(Regular)」的油，日文唸作「le-gyu-la」，不過就算直接用英文發音，應該都能聽懂。加滿的日文是「満タン」，日文唸作「Man-tan」，音似中文的「蠻貪」。

補充說明1

如果租的車是高級跑車，則可能是需要加「ハイオク(High Octane)」，日文唸作「ha-i-o-ku」，這一點請在櫃檯時就確認好。

補充說明2

如果沒有要加滿，後面就可以改成想要的公升數或金額。

如：「レギュラー、3,000円。」

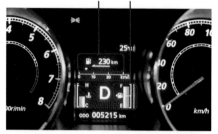

目前油量可走里程　油箱方向

面板上都有提示加油孔的位置，去加油前請先看看

後車廂開關　油箱蓋開關

基本上加油孔的開關就在方向盤的右下或駕駛座門邊。另也有直接從加油孔開啟的車款

一般的加油站。跟台灣沒有什麼不同

沒有加油島的加油站，油槍放在天花板，需要時才拉下來使用，來這種加油站，就不怕弄錯加油孔的位置

加滿證明

不是每間租車公司都會要求

加完之後，可以跟加油站拿「満タン証明書(加滿證明)」，用以交付租車公司檢查。不過因為不是每間租車公司都有要求此證明，如果沒特別講，基本上有加油的收據就可以了。

加油收據，有時候租車公司會要求提供

加油站提供的服務

一般加油站基本上有提供以下服務，有需要的時候可以利用。雖然大部分用不到，但還是可以了解一下。

免費服務
（用手機拍下此頁面，提供給站員看看。）

問路　**道を聞く**

借廁所　**トイレ**

擦玻璃　**窓拭き**

丟垃圾　**ごみ**

清煙灰　**灰皿掃除**

加水箱水　**冷却水の水いれ**

胎壓檢查　**エアーチェック**

檢查車況　**車の状況をチェック**

付費服務
（用手機拍下此頁面，提供給站員看看。）

加油 **給油**

洗車 **洗車**

備品交換 **備品交換**

機油交換 **エンジンオイル交換**

簡易修理 **緊急修理**

道路救援 **ロードサービス**

還車手續

不一定要停得很整齊

加滿油之後開回租車公司，抵達時隨便停就好了，不一定要停的很整齊，主要我們自己方便下行李就可以。然後去跟租車公司説要還車，他們就會派人過來檢查。

廉價租車
地毯式的檢查

酒雄の豆知識

要小心！

相較於大型租車公司，廉價租車公司檢查外傷時真的會仔細許多。有可能大型租車公司不會計較的傷痕，廉價租車公司也會要求照價賠償。這是因為廉價租車公司常常是中古車，他們本身的保費就比較貴或沒有辦法保太全面，多少會把風險轉嫁到消費者身上，因此開他們的車時，一定要特別小心。

檢查步驟

繳回租車時給的小冊子→檢查是否加滿油→檢查車子是否有外傷→沒問題會要我們簽名→完成還車手續。

仔細檢查所有物品

在店員檢查的時候，我們同時可以下行李，垃圾他們會幫忙丟，所以不用拿下車。跟車子相處了好幾天，可能椅子下有掉東西也説不一定，所以請務必要確實檢查車上是否還有東西沒拿到，不然他們可不會幫忙保管到我們下次來日本喔！完成手續後，就前往機場，或是繼續下個行程。

千萬不要把鑽戒放在車上XD

有些租車公司會提供「利用明細書」，可看看這次旅行所跑的里程數

So Easy 自助旅行書系

So Easy 專家速成書系

世界走遍之旅

So Easy 91

開始到日本開車自助旅行
看見日本最美的一面

作　　　者　酒雄

總 編 輯　張芳玲
發 想 企 劃　taiya旅遊研究室
編輯室主任　張焙宜
企 畫 編 輯　徐湘琪
主 責 編 輯　徐湘琪
特 約 編 輯　王宣晴
修 訂 主 編　鄧鈺澐
美 術 設 計　蔣文欣、何仙玲
封 面 設 計　何仙玲
修 訂 美 編　何仙玲

太雅出版社
TEL　(02)2882-0755　FAX　(02)2882-1500
E-mail　taiya@morningstar.com.tw
郵 政 信 箱　台北市郵政53-1291號信箱
太 雅 網 址　http://www.taiya.morningstar.com.tw
購 書 網 址　http://www.morningstar.com.tw
讀 者 專 線　(04)2359-5819 分機230

發 行 所　太雅出版有限公司
　　　　　台北市11167劍潭路13號2樓
　　　　　行政院新聞局局版台業字第五〇〇四號
法 律 顧 問　陳思成律師
印　　　刷　上好印刷股份有限公司　TEL (04)2315-0280
裝　　　訂　東宏製本有限公司　TEL (04)2452-2977

本書如有破損或缺頁，退換書請寄至：
台中工業區30路1號 太雅出版倉儲部收
二　　　版　西元2017年04月10日
定　　　價　330元

國家圖書館出版品預行編目(CIP)資料

開始到日本開車自助旅行：看見日本最美
的一面 / 酒雄作. -- 二版. -- 臺北市：太
雅, 2017.04
　面；　公分. -- (So easy ; 91)
ISBN 978-986-336-165-7(平裝)
1.自助旅行 2.汽車旅行 3.日本
731.9　　　　　　　　　106001538

ISBN 978-986-336-165-7
Published by TAIYA Publishing Co.,Ltd.
Printed in Taiwan

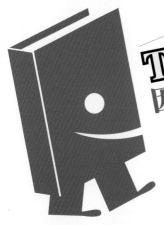

Thank You
因為有你，太雅滿20歲了！

《太雅20週年慶抽獎》

即日起～ 2017 年 12 月 31 日為止 (郵戳為憑)

2017 年 5 月 10 日，我們將推出 20 週年慶的官網，公布所有抽獎獎品。
獎品郵寄區域限定台灣本島。填寫住址時，請留意此規定。

《太雅好書抽獎》　即日起～ 2018 年 6 月 30 日

每單數月，抽出 10 名幸運讀者，得獎名單在該月 10 號公布於太雅部落格和太雅愛看書粉絲團。
本活動需寄回回函參加抽獎 (影印與傳真無效)。

以下 3 組贈書隨機挑選 1 組：

放眼設計系列2本 (隨機)　　　**歐洲手工藝教學系列2本** (隨機)　　　**黑色喜劇小說2本**

《抽獎讀者的個人資料》

這次購買的書名是：**開始到日本開車自助旅行** 最新版 (So Easy 91)

* 01 姓名：＿＿＿＿＿＿＿＿＿＿＿＿＿＿＿＿＿　性別：□男 □女　生日：民國＿＿＿＿＿ 年

* 02 手機(或市話)：＿＿＿＿＿＿＿＿＿＿＿＿＿＿＿＿＿＿＿＿＿＿＿＿＿＿＿＿＿＿＿＿＿＿

* 03 E-Mail：＿＿＿＿＿＿＿＿＿＿＿＿＿＿＿＿＿＿＿＿＿＿＿＿＿＿＿＿＿＿＿＿＿＿＿＿

* 04 地址：□□□□□ ＿＿＿＿＿＿＿＿＿＿＿＿＿＿＿＿＿＿＿＿＿＿＿＿＿＿＿＿＿＿＿

* 05 你是否已經帶著本書去旅行了？請分享你的使用心得。

＿＿

＿＿

＿＿

提醒：以上每項資料均需清楚填寫，我們必須通知你20週年慶抽獎贈品的品項，以及抽獎結果公告，
　　　　若是你抽到獎品，但是以上資料填寫不實或不全，導致獎品無法寄送時，我們會自動補遞其他人。

提醒：本問卷除了參加抽獎外，你還會收到最新太雅出版消息和晨星網路書店電子報。

(請沿此虛線壓摺)

廣　告　回　信	
台灣北區郵政管理局登記證	
北 台 字 第 1 2 8 9 6 號	
免　貼　郵　票	

太雅出版社　編輯部收

台北郵政53-1291號信箱
電話：(02)2882-0755
傳真：**(02)2882-1500**

(若用傳真回覆，請先放大影印再傳真，但傳真無法參加抽獎)

(請沿此虛線壓摺)

太雅

有 行 動 力 的 旅 行 ， 從 太 雅 出 版 社 開 始

太雅出版部落格
taiya.morningstar.com.tw

太雅愛看書粉絲團
www.facebook.com/taiyafans

旅遊書王(太雅旅遊全書目)
goo.gl/m4B3Sy

(請沿此虛線裁剪)